U0137993

破解

爱情难题

崔摄铭 著

青岛出版集团｜青岛出版社

图书在版编目（CIP）数据

破解爱情难题 / 崔摄铭著 . — 青岛 : 青岛出版社，
2024.2

ISBN 978-7-5736-1745-3

Ⅰ . ①破… Ⅱ . ①崔… Ⅲ . ①婚姻 – 通俗读物
②恋爱 – 通俗读物 Ⅳ . ① C913.1–49

中国国家版本馆 CIP 数据核字（2023）第 235241 号

书　　名	**POJIE AIQING NANTI** **破解爱情难题**	
著　　者	崔摄铭	
出版发行	青岛出版社	
社　　址	青岛市崂山区海尔路 182 号（266061）	
本社网址	http：//www.qdpub.com	
邮购电话	0532–68068091	
策划编辑	尹红侠	
责任编辑	赵慧慧	
封面设计	祝玉华	
照　　排	青岛乐喜力科技发展有限公司	
印　　刷	青岛双星华信印刷有限公司	
出版日期	2024 年 2 月第 1 版　2024 年 2 月第 1 次印刷	
开　　本	16 开（710mm×1000mm）	
印　　张	14.25	
字　　数	210 千	
书　　号	ISBN 978–7–5736–1745–3	
定　　价	49.80 元	

编校印装质量、盗版监督服务电话：4006532017　0532–68068050

破解爱情难题

崔摄铭

亲密关系是需要经营的。如果你不想放弃自己的感情，就需要拥有爱他人和被他人爱的能力，懂得如何表达爱和接受爱，修炼经营爱情的智慧。那么，该如何破解爱情难题呢？我的理念是，用爱的力量解决爱情难题。

扭曲的爱会让我们自己受伤。我们需要改变认知，区分真正的爱和扭曲的爱，学会感受自己的内心，懂得表达自己的感受，全然地接纳自己，百分之百地爱自己，成为真正的自己。

你是否有以下的困惑：

◆缺乏沟通的技巧，经常和自己的爱人争吵、冷战，不知道该怎么解决婚姻或恋爱问题。

◆想提高自己的情商和沟通能力，却不知道从何做起。

◆不知道如何化解自己和爱人之间的矛盾，不知道爱人的想法。

◆爱人对自己的态度越来越冷淡，亲密关系越来越糟糕。

本书可以帮助你：

◆修复亲密关系：掌握修复亲密关系的方法，化解矛盾，挽救爱情。

◆提高沟通能力：学会沟通的技巧，成为高情商、会聊天的人。

◆解决爱情难题：寻找问题的源头，解决婚恋难题，成就美好的因缘。

从 2011 年起，我开始专注做个人情感咨询，积累了几千个情感咨询案例，总结了很多有效、实用的情感修复技巧，修复亲密关系的成功率不断提升。为了帮助更多的人，我在本书中分享了这些有效的实操技术，总结了修复感情的流程图，见图 1。

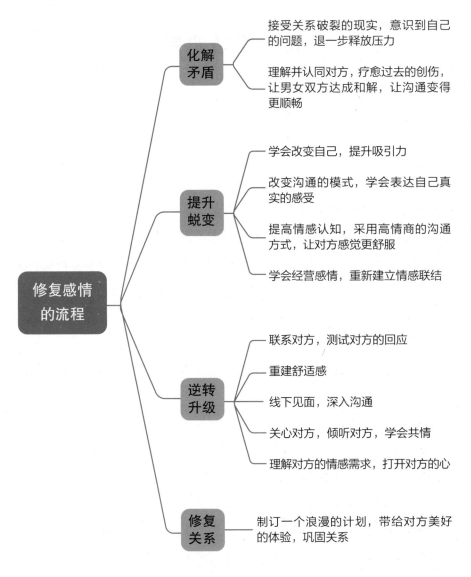

图 1　修复感情的流程图

本书能帮助你分析原生家庭的影响，疗愈感情创伤，摆脱依赖、讨好、回避、受虐等不健康的心理，唤醒自我觉察的意识，走出被情绪控制的模式，感受对方的爱和能量，重新和对方产生爱的连接。本书能帮助你解决爱情难题，修复亲密关系，处理各种矛盾，让你改变和提升自己的认知，避开各种情感的坑，少走弯路，掌控爱情的主导权，重新享受美好的爱情。人生如梦，岁月如歌。希望你无所畏惧，活在当下，享受爱情的美好。

然而，并不是每个人都能享受美好的爱情。正在遭遇爱情难题的你是否想过这些问题：为什么你和自己的爱人会吵架？为什么你的爱人对你态度冷淡，选择逃避你、离开你？你的爱人是怎么想的？是因为你情商不够，没有共情能力吗？是因为你没有魅力、能力不足和形象差吗？是因为你不会引导对方为你付出吗？

这里有三种类型的爱人：

第一种类型：乞讨、索取、控制；

第二种类型：理解、照顾、付出；

第三种类型：驾驭、孵化、引领。

你属于哪种类型的爱人呢？你又遇到了哪些爱情难题呢？

通过图2，我们可以得知：你之所以会遇到爱情难题，是因为你在沟通、吸引、经营方面存在问题。沟通对应的是情绪价值，也就是情绪的感受，是影响心理舒适度的因素。吸引对应的是生存价值，也就是喜欢的感觉，是影响长久激情的因素。经营对应的是伴侣价值，也就是关系的维持，是影响未来规划的因素。

图2 情感三元素图

沟通

如果你的沟通力强，你和爱人之间的关系就会更亲密。如果你的沟通力弱，你和爱人之间就会有很多的冲突，经常吵架、冷战，你会感到非常痛苦和矛盾。如果你想要提高自己的沟通力，就需要提高自己的情商，学会和自己的爱人共情，为自己的爱人提供情绪价值，理解、认可、欣赏、赞美自己的爱人，做一个合格的倾听者，使用情感沟通模式，正确地表达自己的感受和需求。

吸引

如果你有很强的吸引力，你的爱人就会更喜欢你。如果你的吸引力比较弱，你的爱人就会对你态度冷淡，开始反感你，让你感到失望。如果你想要提升自己的吸引力，就需要提升自己的个人魅力，提高自己各方面的综合能力，改变自己的形象，扩展自己的社交圈，做自己喜欢的事情，尝试体验一些好玩又有趣的事情，重新构建自己的生活，从而实现二次吸引。

经营

如果你会经营自己的感情，经营力强，你的爱人就会对你全情投入。如果你不会经营自己的感情，经营力差，你的爱人就会抵触你，逃避你，你们俩都会感到焦虑和迷茫。如果你想要提高自己经营感情的能力，就需要引导自己的爱人，和自己的爱人建立信任，引导自己的爱人为你付出，增加你们俩的交集，做好未来的规划，从而更好地经营关系。

你可以通过本书的"沟通、吸引、经营测评表"，测测自己的沟通力、吸引力、经营力。

在用表 1 做测评前，请注意以下事项：

（1）本测试一共 30 道题，1~10 题用来测试你的沟通力，11~20 题用来测试你的吸引力，21~30 题用来测试你的经营力。

（2）如果你完全不像题目描述的这样，请计 1 分；如果你不完全像题目描述的这样，请计 5 分；如果你完全像题目描述的这样，请计 10 分。请根据自己平时的行为和答题时的第一反应作答即可，不要停顿。

（3）分别将 1~10 题、11~20 题、21~30 题计算总分。

（4）总分在 10~30 分之间表示你的沟通力／吸引力／经营力很差，总分在 31~60 分之间表示你的沟通力／吸引力／经营力比较差，总分在 61~80 分之间表示你的沟通力／吸引力／经营力比较强，总分在 81~100 分之间表示你的沟通力／吸引力／经营力很强。

（5）完成测试后，你可以在微信公众号、抖音、小红书搜索并联系本书作者"崔摄铭"，并将自己的答案发给崔老师，让崔老师帮你透过现象看本质，找到问题，看到方向，并免费领取你的专属情感分析报告。

表 1 沟通、吸引、经营测评表

序号	题目	计分
1	你跟对方的沟通很愉快，很少冷战，矛盾和问题都能得到解决，很少抱怨和不满	
2	你和对方在一起时感到安全、幸福，很少出现焦虑或恐惧的情绪	
3	你会关心对方的感受，理解对方，懂得回应对方的情绪，可以让对方感到被认同、被理解	
4	当你们俩发生争吵时，你会因为伤害了对方而主动道歉，不会人身攻击、翻旧账，不会指责、威胁对方	
5	你有边界感，没有很强的控制欲，在对方需要空间时，能给对方一定的自由	
6	当你们俩有矛盾冲突时，你能倾听对方的感受	
7	你在出现负面情绪时，能够稳定自己的情绪，不会爆发出来	
8	你们俩之间很少有不同的意见。当观点不一致时，你能够平静地接纳和尊重对方	
9	在和对方相处的过程中，当你感到不舒服、有压力时，你能从容自如地告诉对方你的感受	
10	你能在对方需要的时候提供情绪价值	

序号	题目	计分
11	你们俩会给彼此惊喜，制造浪漫，有仪式感，每逢节日都会互相送礼物	
12	你喜欢和对方的身体接触，牵手、拥抱、接吻。你们俩的性生活比较和谐，双方都比较满意	
13	你会打扮自己，十分注重自己的形象，会不断地进行自我提升	
14	你们俩对彼此的外表比较满意，在对方眼里你很有吸引力	
15	你会经常地想念对方，并且会主动地表达出来，每天都会和对方亲密地聊天	
16	你十分了解对方，并且知道对方在想什么，你们俩之间很有默契	
17	你能向对方表达自己的欲望或需求，不会感觉尴尬、难为情	
18	你们俩门当户对，对彼此的条件满意，在学历、家庭、工作、收入等方面十分匹配	
19	你在对方面前感到轻松自在，和对方有共同话题，你们俩无话不说	
20	你们俩一起做了很多的事情，经常待在一起，有共同的娱乐方式和兴趣爱好	
21	你们俩之间充满信任。你认为对方不会说谎，不会跟其他人暧昧或出轨	
22	你们俩之间坦诚相待，没有秘密，可以互相看手机	
23	你能积极地回应对方的诉求，给对方支持，愿意分享所有的东西，愿意不求回报地付出	
24	你能优先为对方考虑，认真地对待这段感情，言行一致，说到做到	
25	你们俩的生活习惯、价值观相近，你不需要迁就对方	
26	你们俩很少因为金钱而伤害感情，消费观差别不大	
27	你们俩的交集比较多，有共同的兴趣、共同的朋友、共同的圈子等	
28	你们俩在遇到问题或困难时能一起解决，一起面对，不会推卸责任	
29	你们俩对未来的规划清晰，在生活、工作等方面的想法一致	
30	你们俩之间没有很清楚的财物划分，你能支持对方的工作或事业，不会斤斤计较	

目录

第六篇

原生家庭和自我成长篇

第七篇

案例篇

第一篇

高情商沟通篇

第一节
如何进行有效的沟通

有的人说："我很在乎这段感情，但不懂得如何去表达自己的感情，导致我和爱人之间的关系出现了裂痕。"的确，在亲密关系中，你只有懂得如何表达爱，才能让两性关系越来越亲密。那么，在两性关系中，我们该如何进行有效的沟通呢？

学会使用正确的沟通模式

首先，我们要看到自己的情绪，然后正确地表达自己的感受。有的人看不到自己的情绪，也不会表达自己的感受。在两性关系中，我们对自己的爱人是有期望的，我们对自己的爱人期望越大，就会对自己的爱人要求越高。如果我们的爱人达不到我们的期望，我们就可能会攻击我们的爱人。我们攻击我们的爱人，只是为了让我们的爱人达到我们的期望。而有的人在受到他人攻击时，会本能地选择逃避。如果你的爱人逃避了，你就收不到反馈，一焦虑，就会再次攻击自己的爱人，这是一个恶性循环。如果我们没有看清楚自己的情绪，也不会正确地表达自己的感受，就会让我们的两性关系变得很糟糕。

有的时候，你以为对方懂你，你以为自己说清楚了，你以为对方听懂了，而事实上你说的意思跟对方理解的意思不一样。这时，我们就需要学

会使用正确的沟通模式。我总结了以下两种沟通模式：第一种是情感沟通模式。人们利用这种情感沟通模式表达自己的感受，理解、倾听、认同他人，向他人提供情绪价值，让他人身心愉悦。第二种是逻辑沟通模式。这种逻辑沟通模式是偏理性的。人们利用这种逻辑沟通模式解决问题，让他人保持理性。这种逻辑沟通模式容易让双方保持距离。

爱是一种感觉，不是一种逻辑。情感沟通模式就像一把钥匙，这把钥匙可以打开一个人的内心。如果你真诚地分享自己的感受，对方大多会敞开心扉，跟你坦诚交流。如果你用逻辑沟通模式和对方沟通，对方大多不会敞开心扉，你们俩之间就无法建立情感上的连接。在现实生活中，有的人习惯性地使用逻辑沟通模式，压抑自己的内心感受。我们只有把自己的感受用语言表达出来了，对方才能理解我们，才能站在我们的角度来思考我们的需求。

我们可以用"我感觉很幸福""我觉得很伤心""我不想这样做""我想要你陪着我"等语句表达自己的感受。我们可以用"你感觉怎么样？""你觉得呢？""你认为呢？""你的想法是什么呢？"等语句了解对方的感受或想法。

情感沟通模式和逻辑沟通模式有什么区别呢？举个例子，如果你的爱人计划周末去露营，你会用哪种沟通模式呢？

如果你使用逻辑沟通模式，你可能会说："好呀！我去准备食物，你去准备露营装备……"这种回复是关于行动的，重在解决问题。如果你使用情感沟通模式，你可能会说："好呀！听你这样说，我觉得好开心啊！我们俩好久没有一起出去玩了，我想和你一起看星星。"这种回复重在表达自己的内心感受。

再举个例子，你的爱人问你："你在干吗？"如果你使用逻辑沟通模式，你可能会说："我在上班，你呢？"这种回复重在描述客观情况，在情感回应上显得稍微平淡一些。如果你使用情感沟通模式，你可能会说：

"我正在想你，没想到就收到了你的信息，我觉得好开心呀！"这种回复重在表达自己的感受，在情感回应上显得强烈一些。

再举个例子，你的爱人跟你说："我现在要处理一些事情，不能陪你了。"如果你使用逻辑沟通模式，你可能会说："你每天都忙得没时间陪我！"这种回复明显是在抱怨对方，对方可能会因为你的抱怨，而选择应付式地陪着你。如果你使用情感沟通模式，你可能会说："你不在我身边的时候，我感觉自己很孤单，有点儿害怕。"这种回复重在表达自己的感受，能让对方感觉到你的情感需求，激起对方陪伴你的欲望。

我们再来举一个例子，你的爱人生气地对你说："你这样做好过分啊！"如果你使用逻辑沟通模式，你可能会愤怒地说："我怎么过分了！虽然我做错事情了，但是你有必要这么说我吗？"这种回复明显是在指责对方，让双方处于一种对抗的状态。如果你使用情感沟通模式，你可能会说："嗯，我让你生气了，让你失望了，对不起！"这种回复认同了对方的情绪，倾听了对方的诉求，理解了对方的感受。

那么，你在日常沟通的过程中，是以情感沟通模式为主呢，还是以逻辑沟通模式为主呢？

改进沟通的原则

🖤 懂得表达自己的感受

在两性关系中，如果我们想要被爱人在乎、被爱人关心，就要清楚地表达自己的感受。你可以对自己的爱人说："我觉得自己好难过、好孤独、好伤心啊！我感受不到你对我的在乎了，我觉得自己被你遗忘了，我不想被你这样对待。"当你将自己的感受描述出来时，你的爱人可能会对你说："是我不好，没有考虑到你的感受。"

然而，很多时候，我们以为自己表达的是感受，实际上我们表达的是

自己的想法。比如在发生争执时，你可能会对自己的爱人说："你不在乎我，你不理解我。"你觉得自己表达的是想法还是感受呢？首先，真实的感受是关于自己的，而不是关于别人的。其次，感受是自己的感觉，是没有对错之分的，而想法是贴了标签的，有好坏对错之分，带有针对性、攻击性，会让他人感觉不爽。"你不在乎我，你不理解我"这句话表达的是你的想法，而不是你的感受。如果你想要表达自己的感受，你可以这样说："我感觉自己不被理解。"如果你能正确地表达自己的感受，你的情绪状态就会越来越稳定，你的爱人会给你更多的爱，你们俩之间的沟通也会变得更顺畅。

懂得表达自己的需求

在表达自己的需求时，你要说"我想要怎么样"，不要说"我想要你怎么样"。如果你想吃早餐了，你是对自己的爱人说"我想吃早餐了"，还是对自己的爱人说"我要你去买早餐"？如果你说"我想要怎么样"，意在向你的爱人表达自己的需求。如果你的爱人感受到了你的需求，会主动地、心甘情愿地满足你。如果你说"我想要你怎么样"，意在要求你的爱人这样做，这本质上是一种控制，控制久了，会让你的爱人感觉很压抑。

展示自己的脆弱

在两性关系中，你不需要把自己伪装成一个强大的人，你需要卸掉自己的盔甲，让你的爱人看到你脆弱的一面，你会发现你的爱人更在乎你了。如果你给对方发消息，对方很久都没有回复你，你应该说"看你这么久都没回我的信息，我挺担心你的"，不应该说"你为什么不回我信息啊？"。如果你不想和对方吵架，你应该说"每次和你吵完架之后，我都害怕你会离开我"，不应该说"我现在不想跟你吵架，我想一个人待着"。

停止抱怨、指责

如果你和对方的感情出现了问题，你不应该下意识地抱怨、指责对方。

抱怨、指责他人不是解决问题的正确方式。如果你一开口就抱怨对方，一开口就忍不住指责对方，对方只会认为你又在莫名其妙地发脾气。长此以往，两个人的感情就因此变淡了。

🖤 学会倾听

当你的伴侣向你诉说时，你需要切换到倾听者的模式。一个好的倾听者能迅速地与对方拉近距离，听懂对方的诉求。如果对方有让你欣赏的点，你应该及时地认可他、赞美他。你不要试图去控制任何一次谈话，因为你的控制会让对方感觉不舒服，想反抗，想逃离。

🖤 少问"为什么"，多问"怎么办"

"为什么"很容易激起对方的攻击意识。为了避免与对方争吵，你可以问"怎么办"。举个例子，你和自己的爱人去旅行，到了酒店，却被告知没有预订信息，无法办理入住手续。遇到这种情况，有的人可能会说："为什么你没有预订呢？""为什么你不能提前打电话问问？""为什么你要订这家酒店呢？"……而真正解决问题的说话方式不应该是"为什么"，而应该是"怎么办"。你可以这样对自己的爱人说："亲爱的，我们现在应该怎么办呢？我在这里举目无亲，只能靠你啦。""亲爱的，别着急，这也是一次难得的人生体验，我相信你一定会找到解决办法的。"……

既然事情已经发生了，你再问"为什么"还有什么用呢？正确的做法是，分析原因，解决问题。如果你问对方"怎么办"，会让他有一种被信任的感觉。

🖤 直接表达"我想……"或者"我不想……"

你要学会清楚地表达自己的真实感受，想要什么就直接说"我想……"，不想要什么就坚决说"我不想……"，不要让他人揣摩自己的心思。有的人想要什么却不说，不喜欢什么却假装喜欢，生气了却说没事，最终将两性关系搞得一团糟。你可以直接对自己的爱人说："我想吃火锅。""我

想快点儿结婚。""我想让你分担家务。"……

你也可以直接告诉自己的爱人："我不想洗碗。""我不想做饭。""我不想成为一名家庭主妇。""我不想你总是抽烟喝酒。"……

借助"我想……",你说出了自己的真实诉求,快速地达到了自己的目的。借助"我不想……",你让自己的爱人知道了你的红线,避免下次再犯。

多关注对方的优点,多夸奖对方

我们一定要善用夸奖的方式。在夸奖对方时,不能用谎言蒙骗对方,要真诚地夸奖对方身上的优点。如果对方的外貌不是很出色,你就不要撒谎夸他长得好看了,你可以这样说:"你的手指好长,好漂亮,我好喜欢。""你的眼睛长得好可爱,我很喜欢看你的眼睛。""你好有品位啊!"

在日常生活中,我们需要刻意练习与他人沟通的方式,不断地改变自己,成就更好的彼此。

第二节
如何成为一个会沟通的人

有的学员对我说："老师，我越来越不懂我的爱人了。我和他在沟通方面存在着障碍，摩擦、争吵不断，我和他之间的关系变得越来越僵。"为什么会出现这样的情况呢？如何成为一个会沟通的人呢？

改变沟通的模式

想让两性关系更和谐，你需要熟练切换沟通的模式。在处理工作时，你可以使用逻辑沟通模式。而在和自己的爱人相处时，你一定要学会使用情感沟通模式。我发现，有些人之所以感情破裂，不是因为原则性的问题，而是因为积累了太多的小矛盾。这些人大多不会使用情感沟通模式。

先来举一个例子：

某天，你想念自己的爱人了，于是你发消息给他："你晚上有空吗？"

他这样回复你："今晚我要加班。"

你有点儿不满地回复他："天天加班，你就不能早点儿回来陪我吗？"

他还在向你解释："我现在很忙啊！明天我一定陪你。"

你有点儿恼火，开始责备他："我觉得你不爱我，你一点儿都不在乎我。"

他无奈地回复你："我哪有不在乎你啊？每逢周末、节假日，我都尽

可能地陪着你，我今天确实比较忙。"

得到他的回复，你觉得他还在狡辩，直接回复："好，你忙，你跟你的工作过日子吧！我以后不找你了！"如果事情发展到这种地步，女人就会觉得这个男人不那么爱自己了，而这个男人会觉得这个女人太无理取闹了。

在遇到这种情况时，我们可以试一试情感沟通模式：

你很想念他，于是你发消息给他："亲爱的，我想你了，你在干什么呢？"

他回复："我在公司加班呢。"

这时候，你可以表达自己的感受："我今天有点儿不开心，特别想让你陪着我。"

看到你的消息，他觉得有点儿愧疚，回复你："你怎么啦？我今天可能要加班到很晚。"

这时你对他表示理解和关心："亲爱的，我感觉你最近挺辛苦的，加班挺多。最近你的压力是不是挺大的呀？"

他回复你："上次我们看好的那套房子，还差一部分首付款，我想多加会班，多谈点客户，多赚点钱。对了，你是遇到什么事情了吗？"

这个时候，你需要认同对方，表达自己的感受，给对方提供情绪价值，回复对方："原来你是为了房子的事情呀，你真是一个有责任感的好男人！我觉得你陪我的时间太少了，有时我会觉得很孤独，就想找你聊聊天。"

他感到被认可、被爱、被需要，回复你："亲爱的，你好体贴。之前我还一直担心你会介意首付款的事情呢。"

你进一步给他安全感："我可以和你一起面对这个问题。能够遇到你这么努力的男生，我觉得自己挺幸运的。"

看到你这样回复他，他可能会非常感动，回复你："嗯，我争取早点儿回去陪你。"

一个习惯使用逻辑沟通模式的人，总是在做计划，提要求，看结果。在两性关系中，逻辑沟通模式会让彼此渐行渐远。一个会使用情感沟通模式的人，总是能活在当下，关注自己和他人的感受，让他人觉得温暖、舒服。情感沟通模式的出发点是爱。如果你想让对方理解你，认可你，爱上你，你就需要使用情感沟通模式，时刻觉察自己的感受，正确地表达自己的感受，让对方通过你的描述了解你的感受，进而满足你的诉求。

不使用控制对方的模式

"你应该怎么样""你要怎么样""我希望你怎么样"等，都是尝试控制他人的语言。有时候你可能并没有意识到自己正在试图用这些语言控制对方。在两性关系中，你的爱人会因为你的某些语言而觉得他自己是不被认可的，不被尊重的。你对自己爱人的控制，意味着你的不自信。你不相信你的爱人是爱你的，不相信你的爱人是在乎你、关心你的，不相信你的爱人会主动为你做事情。于是你试图控制自己的爱人，主动地要求他，甚至主动地帮他解决问题。可是最终你的爱人拒绝了你。你可能会说："我为他做了这么多，为什么他却对我越来越冷漠？"如果你试图控制对方，对方就可能会逃离，最终你们俩会渐行渐远。当你不再试图控制对方时，你们俩才能建立真正的信任。

在遇到问题时，或者在事情没有达到自己的预期时，你要相信：你可以主宰自己的生活，你可以为自己的行为负责，你可以治愈自己，你能够接纳生活中的不确定性。真正的安全感从来都不是他人给我们的。真正的安全感是自己给的。

 停止过度付出

　　家务活全包，孩子不用自己的爱人操心，还有一份赚钱养家的工作，这样的你在别人的眼中，是一个会赚钱、会持家的超人。有的人将自己的全部精力都放在他人的身上，错误地认为：为他人付出得越多，就会得到他人越多的爱。可是，如果你对自己的爱人过度付出，就意味着你分担了他的家庭义务，慢慢地，他便不再想着为家庭尽义务。没承担过家庭义务的爱人，自然体会不到你的辛苦，甚至认为你所做的一切都是理所当然的。于是你开始对自己的爱人充满抱怨，嫌弃他不承担家庭义务。一个控制型或付出型的妈妈，对应的是一个软弱且没有主见的"妈宝男"。同样，一个控制型或付出型的妻子，对应的是一个软弱、无能的丈夫。

　　请你停止过度付出，使用有效的沟通方式，放下控制自己爱人的欲望，给自己的爱人一个表达爱的机会，让自己的爱人跟随自己的内心，学会主动地爱你。

第三节
如何正确地表达自己的爱

有时，两个人之间的感情之所以出现问题，并不是因为双方爱得不够深，而是因为双方不会正确地表达自己的爱。

爱情观是存在差异的

人们对爱情的看法是不一样的。有的人不会告诉自己的爱人"我希望获得什么样的爱情"。也许你理解的爱情是浪漫的、感性的生活，而他认为的爱情是柴米油盐的生活。两个人对爱情的认知是不同的，但这并不代表一个人对爱情的认知是对的，另一个人对爱情的认知就是错的。这些认知上的差异自然会导致行为上的差异，自然会导致不同观点的碰撞。研究证实，很少有情侣或夫妻的爱情观是完全匹配的。一些爱情观不完全匹配的情侣或夫妻也能生活幸福。在爱情里，没有谁对谁错，关键要看情侣或夫妻之间能否顺畅沟通，做到相互接纳。

如何正确地表达自我

两个人的爱情观存在的差异越大，矛盾就越大。然而，矛盾并不是问题的根源。不愿意解决矛盾，选择漠视矛盾，才是两个人的感情出现问题

的根源。如何做才能最大程度地减少矛盾呢？这就需要我们正确地表达自我——只谈感受，不做评价。所谓的感受，就是我们对某个人、某件事的主观认识。同时，我们还会对某个人或某件事有一个主观评价，这种评价并不客观，只是我们的个人看法。比如你对自己的爱人说："我觉得你不够爱我，我很难过。你是一个直性子的人，不懂得关心、安慰他人。""我觉得你不够爱我，我很难过"就是在表达一种主观感受。而"你是一个直性子的人，不懂得关心、安慰他人"则是在表达一种主观评价。你的爱人并不会因为你的主观评价而变成一个直性子的人，也许他并没有那么差。

在爱情中，我们除了会说出自己的感受以外，还会对自己的爱人做出负面评价。"你实在太糟糕了！""你实在太坏了！""你真是太邋遢了！"等话语就属于负面评价。如果你对你的爱人做出负面评价，你的爱人就会下意识地抵触你。

你可以换个角度想一想。在学生时代，当你的考试成绩不够理想时，你希望得到家长怎样的反馈呢？

第一种反馈是："我觉得你需要加倍努力，在下次考试时多注意。"

第二种反馈是："你在下次考试时多注意，否则你就会成为一个差生。"

你更希望听到哪种反馈呢？答案显而易见，当然是第一种反馈。因为家长借助第一种反馈说出了自己的感受，出发点是为了你。而第二种反馈的侧重点是负面评价。你当然不希望听到自己即将成为差生的预言。即使这样的预言有一定的可能性，你也不愿意听到这样的预言，你会格外抵触，甚至会迁怒于家长。

你的爱人也可能会存在这样的心态，即使他的身上的确有你所说的缺点，他也不希望你直接指出来。毕竟，大多数人不希望获得负面评价。一旦得到你的负面评价，你的爱人就可能会因此产生负面情绪，而负面情绪又伴随着负面的行为。长此以往，你们俩之间就会形成一个负面的循环：负面评价→负面情绪→负面行为→更负面的评价。

本来你只是在提意见，并希望你的爱人采纳你的意见，然后做出改变。但现实是你的爱人可能会忽视你的意见，只会关注你的负面评价，产生负面情绪。因此，正确的做法是只描述自己的感受，不做任何评价。

如何更懂自己的爱人

感情是相互的。你除了要懂得表达自己的想法以外，还要尝试着去懂自己的爱人。男性和女性的思维是不同的，这一点在爱情上体现得淋漓尽致。在爱情中，男性的思维更加理性一些，而女性的思维更加感性一些。当然，男女的思维并没有好坏之分。如果男女双方相处得好，这种思维上的差异反而会让双方在思维上形成互补。因为你和自己的爱人在性格、成长环境等方面都是不一样的，所以你不能完全理解自己的爱人。这是一种非常正常的现象。如果你想要更懂自己的爱人，就要站在他的角度思考问题，理解他的感受，弄懂他的真实想法，带领他学习和成长。

如果你觉得自己的爱情出现了问题，就应该静下心来反思自己的沟通模式，在日常的沟通上下功夫。

第四节
如何跟自己的爱人聊天

你正在和自己的爱人聊天，因为沟通不当，你们俩突然陷入了沉默，空气中都弥漫着尴尬的味道。在遇到这种情况时，你该怎么办呢？

回应他人的方式

你在和爱人相处的过程中，有一个值得学习的技巧，那就是情感回应的方式。如果你用一种积极有效的方式去回应，就能收获对方更积极的回应，反之则亦然。那么，什么样的回应方式才是积极有效的呢？我们先来看几种回应他人的方式。

积极主动的回应。如果你的爱人对你说"你看我这件新买的衣服怎么样？"，你回复"哇，这件衣服真的很配你呀！你现在选衣服的眼光越来越好了"，这就是一种积极主动的回应，代表你非常欣赏自己的爱人，你对他说的话题很感兴趣。

积极被动的回应。如果你的爱人对你说"你看我这件新买的衣服怎么样？"，你回复"嗯，不错"，这就是一种积极被动的回应，代表你对自己的爱人只是简单的认可，还代表你对这个话题不是很感兴趣。听到你的回复以后，你的爱人甚至会有一种自讨没趣的感觉。

消极主动的回应。如果你的爱人对你说"你看我这件新买的衣服怎么样？"，你回复"这么贵的衣服，版型这么好，谁穿上它都好看"，这就是一种消极主动的回应，本质上你是在肯定自己的爱人，而你的爱人只会感受到你的嘲讽。你们俩就有可能因此发生争执。

消极被动的回应。如果你的爱人对你说"你看我这件新买的衣服怎么样？"，你只是稍微扫了一眼，然后笑一笑，继续玩手机，这就是一种消极被动的回应。你的这种回应所表现出来的意思就是："我对你的这个话题不感兴趣，你不要再跟我说这些话了，我真的很烦，我只想玩手机。"看到你的反应，你的爱人会感到失落。如果你的爱人性格直爽，就极有可能问你到底是什么意思，你们俩或许会因此产生冲突。

避免不良的沟通模式

在日常生活中，我们要尽量避免不良的沟通模式，要少说"但是……"，因为人们往往会关注"但是"后面的话。比如你在学生时期，通过不懈的努力，考了一个好成绩。老师这样对你说："你这次进步很大，但是我希望你不要骄傲，要继续努力，因为你离优秀还有一段距离。"听到老师这样说，你会有什么样的感受呢？老师肯定了你，可你更在乎"但是"后面的话。

比如你对自己的爱人这样说："你对我挺好的，但是我希望你更勤快一点儿。"虽然这句话的前半句表达了你对你爱人的肯定，但是这句话的后半句却让你的爱人听出了否定的意味，让你的爱人感觉不舒服。我们可以尝试把"但是"换成"同时"。

回到上面的例子，你通过不懈的努力，考了一个好成绩。老师这样对你说："你这次进步很人，同时我希望你不要骄傲，要继续努力，因为你离优秀还有一段距离。"听到老师这样说，你既感受到了老师对你的肯定，又感受到了老师对你的期盼，你更有学习的动力了。

如果你希望自己的爱人帮你分担家务，你可以这样对自己的爱人说："你对我挺好的，同时我希望你更勤快一点儿，这样你就更棒了。"你的爱人听到这样的话，是不是感觉很舒服呢？因为你将"肯定＋否定"的说话方式变成了"肯定＋期盼"的说话方式，结果当然会不一样了。如果你经常用否定的语言去回应自己的爱人，你们俩一定会走到没有话题可聊的地步。

换一种表达方式，多认可他人

为了避免爱人之间走到没有话题可聊的地步，我们可以换一种表达方式，多认可自己的爱人。在你的爱人说出自己的观点后，你可以这样说："嗯，我觉得你说的这个观点很对。"当然，你也可以表达自己不同的看法，不要说"虽然你的观点有一定的道理，但是我觉得……"，而要说"你的观点很有道理，我的看法是这样的……"。换一种表达方式，在认可他人的同时，表达自己的观点，让话题继续。

第五节
如何高情商地赞美自己的爱人

在日常生活中，如果你会高情商地赞美自己的爱人，你们俩之间的关系就会更亲密。但不合适的赞美反而会让人们陷入尴尬，甚至让人们产生这样的想法："他是在敷衍我吗？他是不是另有所图啊？"因此，在这里，我们要探讨的内容不是赞美的话语，而是赞美的技巧。那么，有哪些赞美的技巧呢？

表达自己的真实感受

我们可以用"风度翩翩""英俊潇洒""风流倜傥""玉树临风"等词语来夸赞一个男人，可以用"亭亭玉立""温柔贤惠""大方得体"等词语来夸赞一个女人。有谁不愿意听到这些赞美的词汇呢？当然，除了赞美的词汇以外，你还可以用表达自己感受的话语来达到赞美他人的目的。你可以对自己的爱人说："哇，你真的太厉害了！你竟然连这个都懂！""你怎么这么厉害啊！"你的爱人在听到这些话以后，当然会感觉很舒服。然而，你的这种赞美仅仅描述了你自己的感受，缺少了一些更深层次的东西。

比如你对自己的爱人说："我觉得你今天这身穿搭好帅啊！"你的爱人可能会反问你："昨天的穿搭跟今天的穿搭没有太大的区别啊！你觉得

今天的穿搭哪里帅呢？"这表示你的爱人不满足于普通的赞美，他想听一些更深层次的赞美。所以，接下来我们要讲立足在事实基础上的赞美。

立足在事实的基础上

我们经常说："耳听为虚，眼见为实。"赞美，需要立足在事实的基础上。在赞美他人时，我们千万不能无中生有，需要立足在事实的基础上，有理有据，才能让他人感觉真实。当你做饭给自己的爱人吃时，除了想听他说"好吃"以外，你一定还想听到他立足在事实基础上的赞美，比如："哇，这道红烧带鱼真好吃！你一定是先将带鱼提前腌制，再用油煎至两面金黄，然后小火慢炖，怪不得这么入味。你的厨艺越来越棒了！"在赞美他人时，加上描述客观事实的话语，再配合上赞美的语言，你的赞美是不是可信度更高了呢？

如果你夸他人长得美，只会用"你美得不可方物""你简直就是神仙颜值"等话语，反而会让他人感到尴尬。这种令人尴尬的赞美很容易让他人反感。我们在赞美他人的时候，可以从他人身上的一些细节入手，用事实去丰富自己的赞美之意。在夸赞他人长得漂亮时，你完全可以不用那些夸张的句子，而是用"你的这个眉眼，好像某某明星啊！""你有没有关注过自己的侧颜呢？你的侧颜真的很适合拍照啊！"等类似的语句。立足在事实基础之上的赞美，不仅不会让他人反感，还会让他人感受到你对他的欣赏之意。没错，赞美的本质就是欣赏。

比较

什么是更高阶的赞美呢？那就是除了表示自己的欣赏之意以外，还要表现出自己的钦佩之情。这就需要我们用到比较的技巧了。举个简单的例子，你的男友唱歌很好听，你可以用表达感受的赞美方式对他说："哇，亲爱的，你唱歌好好听！"你也可以立足在事实的基础上，对你的男友说："哇，亲爱的，你唱歌好好听啊！刚才那个真音转假音，简直达到专业水准了！"

每一个人都有被尊重的需要，都有被赞美的需要，都有被其他人肯定的需要。即使一句简单的肯定，也能让被赞美者内心愉悦很久。赞美的成本是很低的，你只需要动动嘴，无须付出其他的成本，就可以让他人不由自主地亲近你。既然赞美他人有这么多的好处，我们何乐而不为呢？

第六节
如何表达自己的负面情绪

在恋爱或者婚姻中，你是选择向自己的爱人表达负面情绪呢，还是选择默默忍受，独自一人调节情绪呢？有的人之所以选择独自一人调节情绪，是因为他不会正确地向自己的爱人表达负面情绪。如果你表达负面情绪的方式不正确，你的爱人就会觉得你莫名其妙，无理取闹。于是，你想要说的话没有说出口，你想要解决的问题没有得到解决，反而破坏了你和爱人之间的亲密关系。那么，你该怎样向自己的爱人表达负面情绪呢？

正确地表达自己的内心感受

如果你用抱怨、攻击的方式来表达自己的情绪，就可能会对自己的爱人说："你怎么都不联系我呢？你一点儿都不知道关心我！""你为什么不接我电话？你又不忙。""你怎么又忘记了呢？你每次都需要我提醒。""你给我送的这个东西真的太难看了！"这些充满抱怨、攻击的话语会让你的爱人站在你的对立面。人们在受到攻击的时候，会处于一种防御的状态。无论你说什么、做什么，你的爱人都始终处于一种防御的状态，你们俩就会不可避免地争吵一番。

如果你换一种表达方式，可以这样对自己的爱人说："你好几天都没联系我了，我觉得有点儿难过和孤单。""亲爱的，你没接我的电话，我有点儿担心你，今天一整天我都不开心。""亲爱的，你忘记了这么重要的事情，我感到很生气。""亲爱的，我不是很喜欢你送的东西，我有一点儿失望。"在你说出自己的内心感受后，你的爱人会感受到你的负面情绪，他会思考如何安抚你的情绪，不再想着如何对抗你。如果你用正确的方式来表达自己的情绪，你就能获得他人的理解、尊重和呵护。

请你记住下面的情绪表达公式：负面循环＝情绪＋评论；正面循环＝事实＋感受。

先肯定对方，再说出自己的要求

有的人在向他人表达自己的要求时，总会被他人抵触的原因是不断地批评、否定他人，很少先肯定他人。面对他人的批评或指责，没有几个人会冷静地接受。如果你总是批评、指责你的爱人，他极有可能怒怼你或反击你。所以，在打他人巴掌前，先喂他人一颗糖是很有必要的。

为了避免他人产生抵触心理，你一定要先喂他人一颗糖，也就是先肯定他人优秀的地方，解除他人的内心防御。如果你想让你的老公多陪陪你，你不妨先说一些过往的美好回忆："老公，你还记得吗？你以前非常耐心地教我学游泳。一想到这些，我就觉得好开心，好幸福啊！"你再对自己的老公说："你最近陪我的时间有点儿少，我觉得有点儿孤单，你能多陪陪我吗？"你的老公多半会答应你的要求，并且不会觉得你是在无理取闹。

建立一个有效的沟通机制

如果你和自己的爱人发生争吵，会不会越吵越激烈呢？是不是到了最后，吵架的内容已经与原来的话题无关，变成了互相指责和揭短？如果答案是肯定的，那么我们该如何妥善地解决这一问题呢？我们可以尝试建立一个有效的沟通机制。你可以先试探一下自己爱人的态度，这样问他："亲爱的，当我感觉不开心、委屈、难受时，我该怎样表达，你才比较容易接受我的负面情绪呢？"当你问出这个问题的时候，你已经在尝试建立一个有效的沟通机制。如果你建立了一个有效的沟通机制，你的爱人就会更容易接受你的负面情绪，避免矛盾升级。

两个人在相处的过程中，需要彼此适应，相互磨合，才能越走越远，越来越亲密。

第七节
如何应对冷暴力

什么是冷暴力呢？与传统的暴力不同，冷暴力的施加者，并没有对遭受冷暴力者实施身体上的伤害。遭受冷暴力者，在精神上受到的伤害要远比在身体上受到的伤害更大，因为身体上的伤口是可以愈合的，但精神上的伤口是很难愈合的。在面对冷暴力的时候，有的人可能会陷入迷茫，不知道该怎么办。冷暴力之后，通常的结果是双方陷入冷战——我不理你，你也不理我，我看你不爽，你也看我不爽，表面上若无其事，其实双方都觉得别扭。所以，有的人认为，争吵不是惩罚，冷暴力才是。

冷暴力的原因

沟通的方式有错误

如果夫妻俩各自都有喜欢的工作，且工作繁忙，缺少必要的沟通，在遇到分歧或问题时，也不习惯用沟通的方式来解决，就会越来越陌生。一些习惯实施冷暴力的人错误地认为，冷暴力能够有效地解决矛盾，他们不屑于大吼大叫、动手打人，想要维持自己的体面。不管自己的爱人怎么作、怎么闹，习惯实施冷暴力者都选择逃避、不理睬。两个人之间越不沟通，越容易出问题。

 原生家庭的影响

一些冷暴力实施者，自儿时起，就目睹自己的父母采用冷暴力的方式解决问题。在这种家庭中成长起来的孩子，他的父母很少教他如何正确地表达自己的负面情绪，因此，在面对两个人之间的矛盾时，他习惯性地选择沉默，不愿意说出自己的想法，并认为冷暴力是一种非常正常的解决问题的方式。一个习惯实施冷暴力的人，不会表达自己的想法，会本能地选择逃避，拒绝跟自己的爱人沟通，因为他认为，即使他说出自己的想法，结果也是一样的。

性格内向

一些性格内向的人，在面对两个人之间的矛盾时，不善于用语言表达自己的真实想法，不善于和对方沟通交流，总是用冷暴力的方式来应对。性格不是一天两天形成的，当然也不可能在短时间内改变。面对一个性格内向的爱人，你最好提醒他："不说话不是解决问题的方式，你要说出自己的想法，不要老让我揣摩你的心思。你应该对我敞开心扉。"

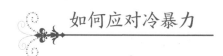

如何应对冷暴力

 先判断是冷处理，还是冷暴力

在选择对策前，你最好先判断清楚对方对你是冷处理还是冷暴力。

冷处理，是暂时选择沉默，目的是减少进一步的争执，避免互相伤害，阻止双方的矛盾升级。冷处理的根本目的是让两个人的感情更好。

虽然冷处理然看似和冷暴力一样，但对方的态度并不会真的让你的身心受到伤害，你反而会觉得自己正在慢慢地从愤怒的情绪中摆脱出来。而冷暴力则是不同的，对方会用自我封闭的方式，不但不会跟你沟通，还会刻意冷漠地对待你，即使你主动示好，他对你的态度也是冷冰冰的。

主动沟通

恋人或夫妻之间有矛盾是再正常不过的一件事。你不能单纯地依靠时间和空间来解决矛盾，更不能做情绪的奴隶，一直憋着。冷静一段时间以后，你需要主动和对方沟通，即使你暂时找不到正确的沟通方式，也可以适当地服个软，低个头。面对你的示好，对方多半愿意顺着台阶下。

你也可以用正确的方式引导对方，让对方主动地说出自己的想法。当对方对你实施冷暴力的时候，你先不要急着去指责他，而是这样对他说："亲爱的，你现在想不想理我啊？你还在生我的气吗？我做了什么事情让你这么生气啊？你可以告诉我呀。"指责只会让他人反感，良好的沟通才是解决问题的正确方式。无论谁对谁错，你都要把自己的想法说出来，让对方看到你的诚意，误会和矛盾自然就容易化解了。

摆脱原生家庭的负面影响

受到原生家庭的负面影响，有的人在处理恋人或夫妻之间的矛盾时会习惯性地选择逃避，不愿意表达自己的想法。该如何解决这个问题呢？如果你想让自己的爱人从原生家庭中走出来，就要试着帮他摆脱原生家庭的负面影响。

如果你的爱人不懂得描述自己的感情，你就可以引导他表达。比如你买了一大堆东西，可你的爱人觉得你没有必要买这么多的东西，就开始在那里生闷气，不搭理你。这时，你就可以告诉你的爱人："亲爱的，你是不是因为我买的东西太多而生我气了？其实，有的时候我控制不住自己，就需要你帮我把把关，防止我乱买东西。"你这是在告诉你的爱人，不要总是憋着不说，要说出自己的想法。你要让你的爱人意识到，他可以表达自己的负面情绪，并且会得到积极的反馈。

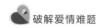

寻找冷暴力的原因

如果对方对你采取冷暴力，你需要调整好自己的情绪，克制住自己的愤怒，不要动不动就攻击、伤害对方，先尝试理解对方，寻找冷暴力的原因。是不是在发生争执时，对方吵不过你，就只能用沉默的方式来对抗你？是不是看到对方沉默了，你依旧不依不饶，不停地质问对方，导致对方开启了自我保护的机制，对你实施冷暴力？是不是无论对方怎么跟你商量，都得不到你的反馈，无奈地从冷处理变成了冷暴力？找到对方对你采取冷暴力的原因之后，你要学着改变自己。

拒绝频繁的冷暴力

如果你努力改变，用尽各种解决问题的方式，依然改变不了对方对你频繁使用冷暴力的局面，那么只能证明一件事：即使你们俩百般磨合，也是不合适的。面对这种情况，你不妨及时止损，选择结束你们俩的关系，拒绝对方频繁的冷暴力。

第八节
如何体面地结束冷战

长时间的冷战非常伤害两个人的感情，会让两个人的感情变得越来越淡。因此，我们要及时地结束冷战。可是，对于结束冷战，你是不是有一些犹豫呢？你和自己的爱人正处在互相不理睬的状态中，互相较着劲。如果你先主动开口，是不是就代表你输了呢？你该如何用一种体面的方式结束冷战呢？

学会给对方台阶下

现在，请你思考一下："在两性关系中，我想要的是什么呢？我想要的是一个仇人吗？我想要的是一个最熟悉的陌生人吗？何必互相较劲，谁都不理睬谁呢？这有什么意义吗？"你和自己的爱人之间没有那么大的仇，也没有那么深的积怨，只是有一些小矛盾而已，暂时还没找到化解矛盾的方法，无奈之下才选择了冷战。既然如此，为什么你不主动地结束冷战呢？

你需要先敞开心扉，说出自己的想法，再解决问题。如果你想明白这些，就不妨给自己的爱人一个台阶下。比如最近你的爱人总是加班，回家的时间越来越晚了，于是在某一天深夜，他回家后，你们俩之间爆发了争吵。争吵之后，你们俩开始冷战。你可以冷静地思考一下：冷战有任何正面积极的意义吗？冷战可以解决你们俩之间的问题吗？开始冷战以后，你的爱

人早点回家了吗？对你而言，冷战有什么意义呢？难道你对他爱搭不理，就会感觉更好吗？你当然不会感觉好，还很容易陷入一种消极的情绪中。

还是上面的例子，你的目的是希望你的爱人别加班太晚，早点回家，别太累了。你的出发点是好的，但表达的方式是错误的。比较恰当的做法是顺势而为，也就是顺着事情的发展去解决问题。晚上早回家的你，可以做几样爱人喜欢吃的饭菜，送到他的公司去，并告诉他："亲爱的，即使你工作再忙，也要注意自己的身体，要按时吃饭啊！虽然我在工作上帮不到你，但是我可以做你的后盾，给你做好后勤保障。"试想一下，面对此情此景，哪个人不会因你而感动呢？顺势而为，给你的爱人一个台阶下，你们俩又怎么可能继续冷战呢？

读懂对方的真实需求

在和自己的爱人发生争吵时，你仔细听过他抱怨的话吗？你仔细揣摩过这些话吗？大部分人能清楚地意识到，爱人口中的抱怨，其实都是他的真实想法。他的抱怨声中包含着他自己的真实需求。比如你的爱人跟你抱怨："你整天问我做了什么、吃了什么。每次我一出去聚会，你就会问我去哪儿吃，跟谁吃，什么时候回来。难道你一点儿都不相信我吗？"如果你没有从这些抱怨声中读懂爱人的真实需求，又被愤怒冲昏了头脑，反过来呵斥他，还说"你要是心里没鬼，就不应该怕我查"之类的话，那么你们俩就很可能会爆发一场冲突。

实际上，爱人的抱怨里隐藏着他自己的真实想法："我需要有属于自己的空间，我不想让你管得太紧，我想让你给我足够的信任，我希望自己时不时地静一静。"如果爱人的真实需求没有被满足，还被你无视，那么他当然会内心不爽，难免跟你吵架，跟你冷战。

面对爱人的抱怨，你可以这样对他说："亲爱的，我喜欢黏着你，是因为我觉得你很重要，想要了解你的一切。我们不妨每天抽出半小时，互相分享一下当天发生的事情。以前我的做法让你觉得自己没有喘息的空间了。从现在开始，如果我给你造成了种种麻烦或困扰，让你觉得不好受，你可以提醒我一下，我愿意向你道歉。"如果你的爱人听到你这样说，他肯定觉得很舒服。你在尝试着退一步的同时，要将自己的真实想法统统告诉给你的爱人。

有时，你的爱人想要当一只鸵鸟，想静一静。你不要问他静静是谁，你要给他一个专属的空间，允许他静一静。你们俩要约定好时间，你可以这样告诉他："亲爱的，我当然支持你拥有独处的空间和时间，但是如果你总是一个人待着，不愿意陪伴我，我会感觉很孤单。无论我们俩之间有什么矛盾，我都希望我们俩能在睡觉之前解决好矛盾。我希望在第二天早上看到你的笑容，听到你跟我说早安，要不然我会感觉很难受。"你们俩可以达成一个共识，就是无论你们俩吵得有多凶，都要在规定的时间内恢复交流，避免"我不理你，你也不理我"一直用冷战的方式来发泄自己的不满。

第九节
如何争吵才不伤感情

看到这个题目，你的第一反应可能是：争吵不是非常影响两个人之间的感情吗？怎么能不伤感情呢？请你先不要着急，看一看以下的案例。

我的一个女性朋友跟我说，她想离婚。还没等我追问缘由，就听到了她的抱怨："我们俩现在都已经到了因为一件鸡毛蒜皮的小事就吵到面红耳赤、冷战好几天的程度。"接下来，这位朋友又对我说："上周末，我和老公一起在家中看电视。我老公拿起茶几上的刀子削苹果，削完苹果后，也不清洗刀子，就将刀子直接放入刀鞘中。我非常愤怒地指责他。我都对他说了多少遍，削完水果以后，一定要先清洗刀子，再将刀子放入刀鞘中，要不然刀鞘里面都是黏糊糊的，很难清洗干净。"

她的老公不但不认错，还直接跟她争吵起来："就这么一点小事，你怎么总是唠叨呢！"

我的这个朋友控制不住自己，直接从沙发上跳起来，对着自己的老公说："我这是唠叨吗？你不觉得正是因为你连这么一件小事都不愿意做，我才说你的吗？"

她老公也直接站起来说："我就想看会儿电视，你都不让我消停，你真是没完没了的。"

朋友立即怒了，指着自己的老公说："你以为我愿意跟你唠叨吗？你连这么一件小事都不愿意做。我整天洗菜、做饭、收拾屋子，我说过什么吗？我偷过懒吗？你怎么就不知道体谅我呢？"

听到朋友的话，她老公直接提高声音，大声吼起来："是我求你洗衣、做饭、收拾家里的吗？"

于是，他们俩之间爆发了一场激烈的争吵，最后朋友的老公摔门去了次卧，跟朋友分床而睡。

我之所以跟大家讲这个故事，是因为我想告诉大家：争吵是人们在日常生活中不可避免的一件事。即使那些关系亲密的夫妻，也会不可避免地爆发冲突。我们接着往下看。

这个朋友唉声叹气，一直说自己的婚姻基本上宣告失败了。我自然不希望看到这样的结果，于是直接问这个朋友："你有没有想过，为什么一件鸡毛蒜皮的小事就能让你们俩爆发这么大的冲突呢？"

这个朋友思考了一会儿，对我这样说："其实，在一开始，我和我老公也没有这么大的矛盾，我就是接受不了他每次削完水果后都不洗刀子。如果下次我要使用这把刀，就需要将这把刀清洗好久。因为这件事，我提醒他很多次了，但他从来都不按我说的去做，所以这次我完全控制不住自己的情绪，冲动之下说了很多过分的话。"

听到这个意料之中的回答，我继续问朋友："当你第一次看见你老公削完水果不清洗刀子时，你是如何提醒他的呢？难道你也是这么气愤地指责他吗？"

听到我这样问，朋友摇了摇头对我说："第一次看到他这样做的时候，我还是好言相劝的。当时他只是'哦'了一声。"

"当你发现你老公第二次这样做时，你又是什么样的态度呢？"我继续追问她。

朋友回忆了一会儿，对我说："当我第二次看到他这样做时，我直接对他说，他要是懒得洗的话，就直接将刀子放在桌子上，不要将刀子放回刀鞘内，一会儿我来洗，免得他将刀鞘里面弄得黏糊糊的，让人讨厌。大概就是从那一次开始，他就对我有情绪了。"

看到朋友边回忆边反思，我对她说："看来你已经意识到问题的缘由了。你们俩之间的冲突并不是突如其来的，而是由一点一滴累积的怨气造成的。"

起初，两个人之间的矛盾根本没有那么大。如果两个人之间的矛盾不能得到及时解决，一次又一次地被激化，争吵就会越来越激烈。我的朋友之所以和她的老公吵架，是因为一件鸡毛蒜皮的小事。在现实生活中，我们也会因为一些鸡毛蒜皮的小事和自己的爱人发生争吵，激化矛盾，甚至走到无法收场的地步。我们该如何做才能尽可能地减少争吵呢？

我允许大家吵架，但需要在可控范围内争吵。那么，该如何争吵呢？

吵架的开场

在争吵这件事上，开场是非常关键的。我们来看看以下的场景：

在单位工作了一天的你，晚上回到家里一看，早上的碗还没洗，而你的爱人正在沙发上躺着打游戏，你很生气，怒火一下子就涌上来了，对着你的爱人说："你不洗碗，还到处乱丢袜子，也不知道收拾家里，邋里邋遢的，简直是你爸的翻版！你就跟个皇上似的，我做牛做马地伺候你，而你呢？你什么家务活都不做！你除了吃饭、睡觉、打游戏以外，你还会做什么呢？"

毫无疑问，这些话都带有指责、埋怨的味道。虽然这些话都是你的真实想法，但是让人难以接受。我们可以换一种说法："我今天工作很累，看到一堆碗没有洗，我心里很难受，想让你洗一下这些碗。"

这种说法先陈述了一个事实——我今天工作很累，家里的碗还没有洗，再表达了自己的感受——心里很难受，最后表达了自己的期望——想让爱人洗一下这些碗，没有任何批评、指责、埋怨的意味。对方通过你的话语，既理解了你的处境和感受，又知道了自己在当下应该为你做些什么。在日常交流中，我们应该去掉那些有批评、指责、埋怨、嘲讽、贬低、挖苦等意味的词语，学会正确的表达。

及时地给争吵降温

如果你们俩已经吵起来了，而且越吵越激烈，这时你该怎么办呢？你需要拥有这样一项技能：给争吵降温。降温的技巧之一就是不要说太绝对的话。我举个例子来帮助你理解：

最近，你发现自己的爱人在微信上频繁地跟某个女客户聊天，聊天的内容让你非常不放心，让你非常不满，然后，你们俩因为这件事吵起来了，吵得不可开交。

不太好的表达方式是："你真有意思啊！我们俩还没分开呢，你就跟他人搞暧昧……"

比较友好的表达方式是："你知道吗？在我看完这个聊天记录以后，我感到很难过，我觉得你的心没有完全在我的身上。我觉得我们俩的感情出现了问题。"

说话的语气要柔和，做人做事要留有余地，而不是一根筋地直接跟对方翻脸。如果你说话不难听，你的爱人就会更愿意跟你沟通。在与他人争吵时，你要尽量遵守以下的几个争吵的原则。

争吵的原则

管理好自己的情绪

先管理好自己的情绪，再处理事情。你有没有遇到过这样的人呢？很

多人愿意听这类人讲话，愿意跟这类人沟通。这是为什么呢？原因之一是这种人善于控制自己的情绪。在情绪特别激动的时候，我们的大脑是不能理性思考和分析的。当冲突发生时，你要管理好自己的情绪。

沟通时有事说事，不要让对方猜自己的想法

你在和自己的爱人沟通时，要有事说事，千万不能打哑谜，千万不要让他去猜你的想法。有的人，即使在吵架的时候也不愿意直接说出自己的想法。你应该在自己情绪稳定的时候，真诚地说出自己的真实想法，想方设法地说服对方。情绪是会传染的。如果你情绪稳定，对方就不容易动怒。接下来，在情绪冷静之后，你要想方设法地说出自己的想法。两个人之间之所以会产生矛盾，是因为缺乏有效的沟通。两个人之间的沟通应该达到这样的效果——原来你是这么想的。虽然我们在认知上存在着差异，但是我们可以求同存异。

停下争执，了解对方的想法

在你和对方吵得不可开交时，你可以主动地停下来，询问一下对方的想法。归根结底，你需要通过沟通确定你们俩争吵的原因。如果你真的愿意理解对方，你就有机会听到对方的真实想法。很多人吵了一辈子，却从来都不知道对方到底在想什么。这是为什么呢？因为每一次他们都不听对方的解释，更别提主动地询问对方的想法了。

不要偏离争吵的主题

你可以和他人吵架，但不要忘记争吵的主题。比如某个周末，你的爱人突然心血来潮，要帮你洗衣服，结果他却将不应该混洗的衣服放在洗衣机里一起洗了，有的衣服因此被染色。看着自己最喜欢的衣服被染色，你的气就不打一处来，你本来想跟他说衣服不能混洗的事，结果吵着吵着就嫌弃他在其他方面也做得不好。本来是一件非常容易解决的事，因为你偏离了争吵的主题，反而让矛盾升级，谁都下不来台了。

● 对事不对人，不要上升到人身攻击的程度

即使对方做的事情是错误的，你也要对事不对人，不要上升到人身攻击的程度。很多情侣在吵架的时候，会说这样一句话："我是真的没有想到啊，原来你是这样的人！"一旦你说出这样的话，就堵上了你和对方交流的窗口，因为你不仅指责了对方的行为，还质疑了对方的人品。两个人在吵架的时候，应该就事论事，不要因为一件小事就上升到人身攻击的程度。

第二篇

修复感情篇

第一节
修复感情的方法和流程

在遇到爱情难题的时候，很多人会感到迷茫和痛苦，不知道对方的想法，不知道自己应该怎么做，不知道成功挽回感情的概率有多大。问题的表面是矛盾和冷战，问题的背后是情商不足、沟通不畅、自卑的情绪等。

读懂对方的想法，改变沟通的方式

我们可以换一种有效的沟通方法，读懂对方的想法，重新得到对方的认可。亲密关系是需要经营的。如果你不想放弃自己的感情，就要拥有爱他人和被他人爱的能力，懂得如何表达爱和接受爱，修炼经营爱情的智慧，做一个高情商的人。

用爱的力量解决爱情难题

我的理念是，用爱的力量解决爱情难题，提升自我，改变爱他人的方式。扭曲的爱会让自己受伤。我们应该改变认知，区分真正的爱和扭曲的爱，学会感受自己的内心，懂得表达自己的感受，学着接纳自己，百分之百地爱自己，成为真正的自己。我们要学会分析原生家庭的影响，疗愈感情创伤，摆脱依赖、讨好、回避、受虐等不良心理，摆脱被情绪控制的模式。

 ## 十步修复感情流程

第一步，学习理论。系统地学习正确的修复感情的理论知识。

第二步，分析原因。找到感情受挫的原因，评估挽回感情的成功率。

第三步，化解矛盾。理解对方，承认错误，主动退一步。

第四步，冷冻断联。停止破坏关系的行为，从对方的生活中抽离出来。

第五步，重新吸引。提升形象，改变生活方式。

第六步，测试回应。以朋友的方式切入，联系对方，并观察对方的反应，制造交集和见面的机会。

第七步，刺激对方。做一些让对方感到好奇的事情，让对方感到意外，引导对方追逐自己。

第八步，引导投入。开始聊天，不要暴露自己的需求，引导对方认同自己。

第九步，重建舒适感。给对方安全感，关心对方，倾听对方，引导对方表达自己的感受。

第十步，修复关系。回到亲密的状态，慢慢地升级两性关系，巩固两性关系。

第二节
修复两性关系的流程

问题分析

（1）原因分析。分析两性关系破裂的原因，比如丧失吸引力、沟通不畅、原生家庭的影响、第三者插足、性格不和等。

（2）现状关系评估。评估矛盾的严重程度、对方的态度、挽回感情的可能性等。

（3）原生家庭影响分析。原生家庭可以影响一个人的择偶观、恋爱观、婚姻观等。一段出现问题的两性关系，摆脱不了原生家庭的影响。

化解矛盾

（1）同频沟通。它是指你和对方的认知在同一个频率上，你理解我说的，我理解你说的，通过非语言或语言的方式形成一种非常默契的关系。

（2）冷冻和断联。停止破坏关系的行为，不要正面对抗对方，不要暴露自己的需求。

（3）调整状态。做好情绪管理，摆脱焦虑、内疚、伤心、愤怒等负面情绪。

逆转修复

（1）**重新吸引**。提高自我价值，提升自我形象，调整生活方式，改变固有印象，让对方看到新的可能性。

（2）**联系测试**。观察对方的反应，测试对方的服从性，制造和对方见面的机会。

（3）**重建舒适感**。学会共情，关心对方，倾听对方，鼓励对方沟通，解开对方的心结，理解对方的需求和感受，认同对方。

（4）**关系修复**。调整方向，建立共同的目标，重新给对方安全感、信任感，巩固两性关系。

高情商沟通和表达自己的爱

（1）**情感疗愈**。重新认识自己，疗愈创伤，摆脱受害者思维，全然地接纳自己，爱自己，树立自信心。

（2）**改变爱的表达方式**。区分真正的爱和扭曲的爱，学会感受自己的内心，懂得表达自己的感受，摆脱焦虑、恐惧等负面情绪，放下控制欲和占有欲。

（3）**高情商沟通**。互相分享状态，让对方感受到你的爱意，理解爱，分享爱。

化解矛盾的要点

（1）**意识到问题，理解对方**。意识到自己给对方带来的压力和伤害，站在对方的角度理解对方的感受，表达自己的歉意。

（2）**认可对方，表示感谢**。认可这段关系给你带来的美好体验，感谢对方给你带来的成长。

（3）**主动退一步，不再挽留**。主动放下这段不愉快的关系，不再挽留对方。

化解矛盾并不只是解释、认错，因为解释、认错并不会让对方看到新的可能性。化解矛盾的重点是你意识到自己的问题，真正地理解对方，认同对方，这样对方才会觉得你们俩的关系有修复的可能性。

第三节
如何挽留回避型人格障碍者

回避型人格障碍，是以全面的社交抑制、能力不足感、对负面评价极其敏感为特征的一类人格障碍。这类人在幼年或童年时期就开始有害羞、孤独、害怕见陌生人、害怕陌生环境等问题。成年以后，这类人由于认定自己缺乏社交能力，缺少吸引力，因此在人际交往中会显得格外敏感和自卑。自尊心过强，加上过分敏感，这类人总担心自己会被别人拒绝，很难与他人建立亲密关系。

关于回避型人格障碍者，有一个很形象的比喻：这类人就像刺猬一样，看起来浑身是刺，内心却是无比柔软，他们会用坚硬的盔甲和锋利的刺保护自己，拒绝他人靠近。这类人之所以表现得冷漠和疏离，是因为害怕自己受到伤害。

面对靠近自己的人，回避型人格障碍者会蜷缩自己，不停地回避。和其他人相比，回避型人格障碍者更害怕孤独，更渴望被爱。

回避型人格障碍者的特点

🖤 过于独立

回避型人格障碍者始终坚信一点：凡事都要靠自己。他们很难卸下自己的心理防御，去依赖或者依靠他人，虽然看似强大，凡事都想自己处理，但是过于独立就会将"信奉自我"当作准则。这类人很难跟他人建立亲密关系。

缺少表达爱和接受爱的能力

回避型人格障碍者，不但缺少表达爱的能力，还缺少接受爱的能力。这类人认为，渴求爱，不但得不到爱，还会受到伤害。一旦有了这种认知，他们就很难维系好一段亲密关系。

没有共情能力

回避型人格障碍者，还有一大特质：没有共情能力。即使他们感受到了对方的情绪，也不知道如何去共情。因为无论是正面情绪还是负面情绪，他们都是自行消化处理的，所以他们自然认为其他人理应如此。他们不能理解他人的情感，也不会在适当的时候表达自己的情感。他们不会考虑他人的感受，只会从自己的角度看问题。

该怎样和回避型人格障碍者相处

低需求感

回避型人格障碍者，骨子里并不是真的冷漠，也不是丝毫没有爱意。他们渴望别人的爱和温暖，却因为受到自卑情绪的影响，并不希望获得太多的关注，更不愿意被浓度过高的爱包围。你在和回避型人格障碍者相处的过程中，应该尽量降低自己的需求，不要过分地表达自己的感情。

高包容度

你在和回避型人格障碍者相处的过程中，要有一定的包容度，这不代表你要可怜他、同情他。你应该鼓励他，用一种平和、平等的态度对待他。

如何挽留回避型人格障碍者

💙 降低自己的需求，不提挽留

如果你想要挽留回避型人格障碍者，最好的方式不是挽留。你不能表现出自己爱得有多深，否则这种高浓度的爱会将回避型人格障碍者推得更远。在挽留期间，请你一定要牢记以下这句话：你所表现出来的情绪值越高，你的爱人所产生的回避心理就越严重。此处的情绪值，包括且不限于：奋不顾身的挽留、声泪俱下的卖惨、毫无顾忌的纠缠……如果你能把这些情绪值降到最低，那么你的需求感就会随之降低。降低自己的需求，不提挽留，而是用一种"润物细无声"的方式和回避型人格障碍者相处。

💙 提高包容度

回避型人格障碍者的脾气秉性、与人相处的方式等，终归与大多数人不一样。所以，你应该主动地了解回避型人格障碍者，打破隔阂，消除误解，时刻审视自己的言行是否真正体现了包容的态度，是否存在错误的思维模式，是否愿意接受反馈并改正自己的错误。通过持续反思和成长，我们能够不断地提高自己的包容度。

💙 建立情感连接

回避型人格障碍者，骨子里是自卑的，而自卑的根本原因是缺少安全感。回避型人格障碍者一旦缺少安全感，在和自己爱人相处的过程中，就会非常容易焦虑、愤怒，想要摆脱控制。实际上，这种控制是子虚乌有的，仅仅是回避型人格障碍者臆想出来的。

大多数人从出生到生命的终点，是一个寻求他人情感支持、探索情感连接的过程。而回避型人格障碍者，缺少这种和他人的情感连接，没有连接，只能依靠自己，活在自己的精神世界里。你该怎样和回避型人格障碍者重新产生情感连接呢？请你先想一想：你和他是在何种情况下断开的情感连接呢？

有的人觉得自己很难维系这段亲密关系，心里没底，就想着还不如早点儿结束这段亲密关系。有的人觉得对方太优秀，自己无法与之匹配，就想打退堂鼓。有的人觉得自己没有能力解决情感危机，不配拥有这段感情。而你需要做的，不应当是试图矫正回避型人格障碍者，也不应当是刻意地放下身段去迎合回避型人格障碍者。你应该给回避型人格障碍者足够的安全感，让他重新接受你的爱，接纳你的温暖，重新跟你产生情感连接。

虽然回避型人格障碍者看起来像一只刺猬，表面上很坚硬，但是他的内心是柔软的。如果你也表现得像一只刺猬，最终只会遍体鳞伤。你要先卸下自己的盔甲，温柔地对待回避型人格障碍者。

第四节
调节失落的情绪

　　你和自己的恋人已经分开一段时间了。当你意识到哭闹不起任何作用时，你会很容易陷入这样的状态：意志消沉，患得患失，尤其是在四下无人之时，开始回忆曾经美好的时光。可是你越这样，越感觉内心酸楚。当然，也许你尝试过挽回，但并未奏效。你不愿意放弃这段感情，伤口迟迟得不到修复，也不知道该怎样做。

　　挽回，永远不是一件简单的事。既然你想挽回这段感情，就不妨倒推：想挽回→让对方再次爱上你，想让对方再次爱上你→让自己具有吸引力，想让自己有吸引力→就先爱自己。

　　我们一定要先拥有爱自己的能力。有的人在爱上他人以后，就忽略了爱自己，忘记了提升自我。有的人拼命地想挽回对方，总是在想如何获得对方的认可，丝毫未想过自身。如果一个人连自己都不爱，又怎么可能拥有爱他人的能力呢？如果你想挽回这段感情，就需要先找回爱自己的能力。那么，你该如何做到爱自己呢？

接受单身的事实

　　对未来怀有美好憧憬的你，现在很难接受分手的事实。如果你选择立即挽回，就会将自己复合的想法暴露得淋漓尽致，这会让对方产生更多的抵触情绪。也许，你尝试求助自己的朋友们，咨询挽回感情的方法。朋友们的各种建议在大部分情况下会适得其反，因为不是每个人都有成功挽回感情的经验。只有你最清楚自己的感情，其他人很难指导你挽回自己的感情。现在的你，有心无力，有力也没地方使。你想前进，但前方困难重重，最大的障碍就是对方的态度，对方一直抗拒跟你沟通，甚至拒绝跟你沟通。你想后退，但又不甘心，不情愿，不想舍弃这段感情。

现在的你不愿意接受已经分手的事实，内心非常抗拒"恢复单身"之类的字眼，可你要明白：你和他已经分开了，这是一个事实。感情终究是两个人的事，不是一个人的单恋。既然如此，你还不如先接受自己已经单身的事实，调整好自己的心态。你丢掉的只是一段感情，而不是你和他之间的关系。是的，即使你和他都恢复了单身的状态，你们俩仍然有重新走到一起的机会，仍然有开始一段新感情的可能性。

调整好自己的心态

当你遭受打击，感情受挫，想要回到原来的状态时，你难道只能依靠他人的安慰和同情吗？他人的安慰和同情并不能真正地帮你拔掉那根"刺"。当你不知所措时，能帮到你的人只有你自己。你只有依靠自己，快速地调整好自己的心态，才能不再消沉下去。你只有真正地摆脱感情的困境，才能静下心来去思考，用积极的心态面对生活，好好地爱自己。

爱自己，就要"拿得起，放得下"。你只有清晰地意识到自身的优势和劣势，觉察到上一段感情的问题，才能改变这一切，用一种全新的面貌迎接自己的新感情。爱自己的本质就是让自己变得更美好。你只有变得更美好，才有机会重新吸引自己的前任。那么，你该如何让自己变得更美好呢？

如何让自己变得更美好

适当地缓解情绪

如果你想快速地调整好自己的心态，就先停止抱怨。也许你因为分手这件事而感到很大的压力，每天都很烦躁、压抑。很多咨询者对我说过这样的话："老师，我心里堵得慌，就想发泄一下。如果我不找人倾诉的话，真的容易憋出病来。"你当然可以向他人倾诉，但不能像祥林嫂似的逢人就诉说自己的感情遭遇，更不能让自己总是陷入回忆中。你是否听过以下这个故事呢？

有一只小猴子在受伤之后，深陷痛苦之中，以至于每次遇到其他同伴时，就会给对方描述一下自己受伤的过程，说得不够起劲，每次都要揭开自己的伤疤给对方看，口中说着"我真的好痛"。到最后，这只小猴子的伤怎么都愈合不了……

虽然这个故事看似夸张，但是又有多少人跟这只小猴子一样，不停地揭自己的伤疤呢？不要总盯着自己的伤疤看，也不要总强调自己受到的那些伤害，否则你内心的创伤永远都愈合不了。

刚分手的那段时间，你感到悲伤、痛苦都是正常的。无论你怎么哭，怎么发泄，怎么向他人抱怨，都是一件很正常的事情。如果你长久地陷入痛苦之中，那么你就永远都不可能变得更美好。你只有停止抱怨，才能真正地放下。你只有真的放下了，才能调整好自己的心态。

接纳真实的自我

如果你想要爱自己，就先让自己变得强大起来。如果你想让自己变得强大，就需要接纳真实的自己。如果你在上一段感情中陷得太深，就容易忽略自己的主观能动性，忘掉自我。你只有接纳真实的自我，才能真正地爱自己。有的人说："既然我要接纳真实的自己，就没有改变的必要了？"这种想法是错误的。你只有接纳真实的自己，才能清晰地认识到自身的优势和劣势，成为更美好的自己。

❤ 重新拥抱生活

除了爱情以外，这个世界上还有其他东西值得你珍惜，还有其他事情值得你坚守。在上一段感情中，你是否投入了太多的精力，以至于忽略了亲情，忘掉了友情？你应该回到自己的生活圈，在亲情、友情上多花点时间和心思，温柔地对待身边的亲友，感受生活的美好。

你是时候重新拾起自己的兴趣爱好，追求自己的事业和梦想了。你需要将自己有限的精力放在那些能够成就自己的事情上。你这样做不仅能让自己从失败的感情中走出来，还能缓解负面情绪，让自己变得更优秀，更有魅力。请你找个时间，去旅行吧，感受世间的美好，好好地爱自己。

你要学会接受现实，不要总是逃避或者抱怨，也不要沉迷于过去，不要让自己像那只小猴子一样，不断地揭开伤疤，折磨自己。过去只是你人生旅途的一部分，现在的你要开启新的人生。

第五节
冷冻和断联

　　既然你无法挽回前任，就只能接受分手的事实。然而，你对他的感情并未随着分手而结束，你一直在回忆那些甜蜜的时光，期望回到过去。你不愿意黯然转身离去。说好了不再联系，没过几日，你就控制不住地去翻看前任的朋友圈，默默地关注着前任的每一条新动态，哭着闹着地求前任复合。然后，你将挽回爱情战变成了一场拉锯战，你进他退，你再进，他开始防备着你。

　　这世上有没有一种情感的催化剂，能让两个人的心重新触碰，情感再次升温呢？冷冻情感，暂时断联。有些人不能坚持使用"冷冻情感，暂时断联"这一招。实际上，冷冻情感属于断联的一种，但并不是断联的全部。冷冻情感只是断联的一个初级阶段。

冷冻情感的原理

　　冷冻情感是断联的一个初级阶段，也可以理解成冷冻情感是一种温和的断联方式。和断开联系有所不同的是，你可以和前任保持一定的距离，也可以适当地跟前任断开联系，但不一定要完全断开跟前任的联系。其实你完全可以依据字面意思去理解：冷冻情感，就是将两个人的感情暂时冷冻起来，在一段时间内不能接触对方或者尽量减少跟对方的接触，然后等待一个时机，重新将两个人的感情取出、解冻，直至让感情再次升温。

在什么样的情况下冷冻情感

在两个人还没有走到老死不相往来的地步时，在你表现出复合意图时，在前任对你有明显的抵触情绪时，你就需要暂时冷冻情感。虽然前任对你有明显的抵触情绪，但是并非真的非常排斥你。为了说服自己，前任一直暗示自己："你很差，你们俩之间的感情很糟糕。"你们俩之间的感情出现了问题，前任无奈地选择分手，以便结束痛苦。你们俩之间的感情并未消失殆尽，前任对你的感情可能暂时被掩盖了。随着时间的推移，当前任的态度缓和，内心平静，有点后悔分手时，挽回感情的契机就来了。

冷冻情感的操作指南

🖤 缓和情绪

冷冻情感的基础操作就是情绪要足够稳定。如果你只是表面上冷冻情感，实际情况是你一有空，就会疯狂地思念前任。如果你一想起曾经的美好时光，就瞬间泪流满面，内心充斥着悲痛的情绪，那么冷冻情感对你来说是没有任何作用的。冷冻情感的目的是尽量减少双方的交流，把双方的情感暂时冷冻起来。你不要暴露自己的复合意图，以便前任减少对你的抵触情绪。

你先让自己的情绪稳定下来，暂时把两个人的情感封在内心深处，冷冻起来，然后找一个合适的时机取出来。你要尽量不再想前任，不主动找前任。如果前任主动联系你，你可以跟前任交流，仅限于日常沟通，不要主动抛出关于情感的话题。

冷冻情感不等于完全断开联系

冷冻情感是断联的基础，但并不是完全断开联系。有时候两个人之间的关系出现裂痕，但还没到彻底丢弃这段感情的地步，只是以目前的状态来看，没有必要继续走下去。这就意味着你需要暂时将你们俩之间的感情冷冻起来，安静地等待，借助时间的作用，让你们俩之间的感情有升温的机会。就比如在你的面前，有一份美味可口的食物，但你现在处于饱腹的状态，那你应该怎么处理呢？当然要将这份食物放在冰箱里，等需要吃的时候再取出来加热。你们俩之间的感情也需要暂时被冷冻，然后在合适的时机解冻、升温。

解决矛盾

在将你们俩的感情冷冻以后，并不意味着在这段时间里，你只需要安静地等待。实际上，虽然你已经找到合适的契机重新解冻感情，但是你们俩之间依旧存在着矛盾。你需要快速地冷静下来，找到矛盾点，反思自己身上的不足，积极地解决你们俩之间的情感问题。

断联的原理

断联的本质就是将你们俩的感情置之死地而后生。虽然有些恋人能不计前嫌地重新走到一起，但是只要两个人之间存在着矛盾点，就容易走上分手的老路子。有的人相对理性，能够清醒地意识到两个人之间的感情已经没有任何挽救的余地。于是，你只能忍痛斩断情丝，断开联系。与冷冻情感不同的是，断联就是直接斩断联系，双方不会再有任何联系，就是彻底放下这段感情。

在什么样的情况下断联

断联是冷冻情感的升级版本。当你们俩的感情走向末路，彼此互相伤害时，你就可以选择断联。即使你将情感冷冻一段时间，你们俩之间也依旧有一些无法调和的矛盾。尤其是在你尝试挽留前任后，你们俩之间的关系不仅没有得到修复，反而还变得更加糟糕。前任开始抵触你，不愿意接你的电话，不愿意回复你的消息，甚至你的电话、微信都被拉黑（网络用语，拉入黑名单，不再联系）了……此时此刻，前任对你只有抵触和排斥，没有任何的留恋。如果你将冷冻的感情解冻以后，你们俩的感情依旧无法升温，只能说明你们俩之间的矛盾太深了，能做的只有断联。

断联的操作指南

♥ 要断得彻底

如果你选择断联，就意味着你没有其他退路了。既然你选择断联，就要断得彻底。相比之下，断联要比冷冻情感更绝对一些。

"我太想他了，怎么办？"

"我担心他有新的感情了，怎么办？"

"如果他主动联系我，怎么办？"

…………

在实施断联前，有的人会有这样的或那样的问题。如果你根本抑制不住思念前任，断联没几天，就控制不住地向前任表达自己的思念之情，那么断联对你来说是没有任何意义的，只会过早地暴露你自己的复合意图。如果前任依然抵触你，即使你再卑微地祈求前任也无济于事。

断联的目的是让双方冷静下来

断联的根本目的是让双方冷静下来，忘掉过去的不愉快，然后重新开始用"朋友"的身份相处，以便重新开始一段全新的感情。你不妨借助断联的这段时间，让自己冷静下来，反思一下自己的问题。如果在这段时间里，你觉得自己很痛苦、很难受，不停地翻看前任的朋友圈，总是希望获得关于前任的信息，只能说明你还不够冷静。如果你不够冷静，又怎么能指望前任足够冷静，和你开始一段新的恋情呢？

断联的内核是改变

断联就相当于你给了自己一次改变的机会。在改变期间，你要确保不会被任何人打搅，这是断联的内在核心。虽然你不愿意承认事实，但是事实就摆在眼前，上一段失败的感情说明了：你，还有你的情感经营模式，早已经不适合上一段感情。

你有没有过这样的经历？你的同事正在减肥，在几个月的时间内将体重减掉了 10 千克。你很容易接受这个事实，不会觉得太突然，不会感觉诧异，因为你经常见到她，已经接受了她正在减肥的事实。恰巧，一个定居在其他城市的同学也在减肥，你们俩已经很长时间没见过面了，这个同学同样是将体重减掉了 10 千克。再次见到这个同学时，你一定会感到诧异。这就是时间和空间所带来的感官差异。同样的，通过断联的方式，你给自己创造了时间和空间。在此基础上，你可以尝试换个造型，改变自己的外在形象，培养自己的内在气质……

只要能让自己变得优秀，就值得你去改变，去坚持。

如果你不改变自己，只想求前任复合，那么挽回前任的希望很渺茫。如果你重塑自我，变成一个更有魅力的人，就很容易重新吸引前任，开始一段新的感情。

第六节
化解矛盾的后撤

凡是参加过立定跳远和跳远的人，一定都能体会到，通过助跑所跳出的距离一定会超过立定跳远所跳出的距离。和后撤、助跑一段距离的跳远有所不同，立定跳远者需要站在原地，没有后撤、助跑，只是从立定姿势开始跳远。后撤是为了蓄力向前。在挽回失去的感情中，适当的后撤就是为了积蓄力量。

为什么要后撤

后撤并不是指你转身离开，头也不回，而是指你暂时从这段感情中抽离出来。后撤的目的是积蓄力量，等待时机再次向前。分手以后，如果你迟迟不愿意接受现实，一直在原地徘徊，自怨自艾，你是没有能力挽回前任的。如果你能接受现实，暂时后撤，选择在前任的世界中消失一段时间，不再和前任有任何联系，然后找准时机蓄力向前，反而会达到你一直所期待的目的。

有很多人无法接受分手的事实，也没有足够的勇气跟前任彻底断开联系。你或许会担心，断开联系会让前任彻底忘掉你们俩的感情，甚至前任可能会开始一段新的感情。与其担心前任是否变心，你不如先看看自己所面临的现实。现实是，你已经跟前任争执了很多次，解释了很多次，挽留

了很多次，但前任依旧不为所动，甚至拒绝与你沟通。如果你卑躬屈膝地求前任复和，强迫前任听你的解释，只会引起前任的反感。如果你不跟前任断开联系，继续纠缠不清，只会让前任更加抵触你。

挽回前任的第一要务，不是找回前任对你的感情，而是尽力地去消除前任对你的负面印象。只有改变前任对你的负面印象，你才能有机会和前任重新接触，重新得到前任的认可，让前任重新爱上你。后撤，并不是让你完全放弃你们俩的感情，不是任由你们俩的感情就此结束。后撤，是为了消除前任的负面情绪，让你们俩之间还有重新在一起的机会。

在什么情况下后撤

在什么情况下后撤呢？如果你在分手以后，使用了一些错误的挽回方式，导致前任对你的抵触情绪极高，根本不听你的解释，甚至都不给你任何沟通交流的机会，你就需要暂时后撤。如果在分手以后，不管你怎么跟前任联系，前任都不回复你的消息，不接你的电话，拒绝跟你见面，一直躲着你，那么你只能选择暂时后撤。

如果你的状态很糟，你的生活完全被负面情绪占据，你满脑子都是关于挽回前任的事，甚至茶饭不思，已经到了影响生活或工作的程度，那么你就需要暂时后撤。暂时后撤就是指你从前任的生活中抽离出来，不打搅前任，给前任一个缓解自己情绪的机会。

当然，后撤不仅是为了让前任减少对你的抵触情绪，还是为了给自己一个自我调整的机会。如果你被负面情绪左右，你的思路和行为就是混乱的，你很难说服前任选择重新跟你在一起。你暂时从这段感情中抽离出来，从前任的世界中消失，也意味着你对自己负责。暂时性的后撤能给你挽回前任增加筹码。

如果你想要成功地挽回前任，除了快速地恢复冷静，打理好自己的生活以外，还要分析一下分手的原因，反思自己需要改进的地方，然后做出改变。前任所抵触和排斥的是曾经的你，现在的你已经改变，正朝着更优秀的方向发展，他怎么可能不给你一个机会呢？

如果你想让自己冷静下来，专注于改变，致力于解决两个人之间的矛盾，就需要将自己的注意力从"挽回"转移到"自我改变和提升"上来。

如何后撤

💗 后撤不是过家家

选择后撤，暂时放弃两个人的感情，结束两个人的关系，对你来说或许是异常痛苦的。这个抽离的过程也许会让你生出难以割舍之感。既然你选择了抽离，就要坚持到底。如果你中途放弃，结果就只能是前功尽弃。最初，有的人认为自己能够彻底抽离，能跟前任完全断开联系，没有什么难的。但是一段时间之后，有的人就会发现这样一个事实：自己完全控制不住地思念前任，回忆曾经的美好，希望两个人能回到过去的状态。

尤其是在夜深人静，自己独处时，你就会被寂寞侵袭。在内心动摇之后，有的人会立刻转身联系前任。如果你这样操作，不仅会让自己的努力前功尽弃，还会让前任对你的抵触情绪增加。你完全可以站在前任的立场上去思考：前任尚未从负面情绪中解脱出来，还对你非常抵触，面对你的示好，他会有什么样的心情和态度呢？既然你选择抽离，就要坚持下去，静待良好的时机。等前任的情绪恢复稳定，等你自己变得足够优秀，你再出现在前任的面前也不迟。

💗 转移注意力

当然，选择后撤，让自己从这段感情中抽离出来，你会有一种不适应的感觉，这是一种很正常的现象。毕竟，自你和恋人分手的那一刻起，你

的心绪就已经彻底乱了，你可能会担心你们俩再也没有复合的机会。在这段感情中，你投入了太多的精力。现在，你暂时放弃了这段感情，将投入的精力转移出来，当然会有一种不适应感。

不过，你也要清晰地意识到这一点：你的生活里不是只有爱情，还有亲情和友情，还有很多值得你珍惜的人。选择后撤之后，你可以试着转移自己的注意力，快速地调整自己的生活重心，试着将自己的精力放在工作和学习上，多跟朋友聚会，多关心自己的家人，多花点时间在自己的身上，试着提升自己的技能。一旦你能做到这些，就会发现爱情并不是生活的全部，分手也不代表你的余生都是灰暗的，疼痛只是暂时的，没有什么大不了的。

🌑 后撤是给自我提升做铺垫

即使你选择后撤，也并不代表你就一定能成功挽救自己的爱情。暂时抽离只是挽回感情的一部分，它是挽回感情的第一步，是为了给你和前任的复合做铺垫。你要正确地认识后撤的意义，迅速地调整状态。

后撤，能够缓解前任的负面情绪，让前任的态度从"抵触你"到"不排斥你"，但还不足以让你挽回前任。挽回，就是重新吸引，而重新吸引的前提是你的吸引力提升。即使你选择后撤，也不能保证你能重新吸引前任。也许在你的认知里，等前任的气消了，不再排斥你了，你和前任就能重新走在一起了。你的这个想法是错误的。前任之所以抵触你，跟你提出分手，是因为前任已经没有留恋这段感情的理由，他在你的身上找不到让他心动的地方。即使前任不排斥你，也不代表前任就会重新喜欢上你。

你需要先做好自己，反思自己的不足，找到自我改变的方向，打理好自己的生活，保持积极向上的生活状态，朝着更有才能、更具有魅力的方向发展。你需要让前任重新认识你，愿意和你重新接触，开启一段新的感情。

第七节
修复感情的核心是改变

你在尝试多次挽回这段感情未果后，终于冷静下来。但愿现在的你能够清晰地认识到，低三下四，百般纠缠，都无法挽回曾经的感情，甚至只会让你的处境变得更加糟糕。你可以选择冷冻情感，倘若没有效果，那就选择断联。当然，无论你使用哪种方式，都只是在为挽回感情铺路。

你可以想一下：从曾经的美好，到分手的边缘，甚至到感情破裂，恨不得老死不相往来，你们俩怎么会走到这样的地步呢？任何一段感情出现问题，男女双方都有推卸不了的责任。此时，你能做的是自我反思，寻找这段感情出现问题的根源。曾经的你很吸引他，但现在的他对你避之不及。这说明以你现在的魅力，你还不足以吸引他。也许你认为："现在的我什么都没有改变，还是原来的样子，曾经的我很吸引他，现在的我照样能吸引他。"然而，曾经的他被你吸引，随着年龄和阅历的增长，现在的他已经发生了很大的变化，对自己恋人的要求也发生了变化，可你什么都没有变，怎么会吸引到现在的他呢？

你一成不变的样子，就如同逆水行舟，不进则退。况且现在的你真的是原来的样子吗？自从热恋期之后，你是不是就懒得梳洗打扮了？你是不是觉得他既然选择了你，就应该接受你的一切呢？你是不是忽视了一些小问题，认定两个人的感情不会因为这些小问题而变淡呢？

改变，看起来很简单，但你想去改变时，又不知道从何下手。我认为你可以从以下三个方面入手：

心态的改变

自从分手以后，你的情绪一直在起起伏伏中。你觉得以你现在的状态，能心平气和地挽回这段刚失去的感情吗？挽回的基础是双方都有一个良好的心态。如果你没有及时调整好自己的心态，就贸然去挽回，只会处处碰壁。毕竟，谁希望面对一个满是负面情绪的人呢？请你静下心来，接受分手的事实。请你不要自怨自艾，也不要企图逃避现实。你需要及时地调整好自己的心态。如果你始终无法平复自己的情绪，就可以通过转移注意力的方式让自己的情绪恢复平静。

学习和工作

生活不应当全被爱情占据。虽然这段感情给你带来了巨大的伤痛，但是这并不意味着你要将所有的精力都投入其中。即使你将所有的精力都投入在爱情上，也无法给你带来任何成效，反而让你更加沉沦。你可以试着转移注意力。在生活中，还有很多重要的事值得你去做。你不妨试着将更多的精力放在学习和工作上。学习和工作都是成就自我的事，而且全是性价比极高的事，只要你投入，就会有回报。

回归圈子

即使爱情暂时从你的生活中消失，也不代表你永远地失去了自己的爱情。爱情会离你而去，但亲情和友情没有远离你。爱情不是你生活的全部。现在的你应该从失败的感情中解脱出来，多花些时间陪伴家人，重新融入自己的交际圈。如果你试着将生活的重心转移，将自己的心思放在其他重要的事上，你就不会整日意志消沉。

娱乐

即使你觉得自己很痛苦，内心深处完全被失败的爱情困扰，也不要忽视自己。你可以去健身，去旅行。你可以给自己放个假，做自己想做的事。有的人自从坠入爱河以后，就一直没有时间做自己想做的事。你可以通过锻炼身体，让自己的心态逐渐平和，将自己的注意力从悲伤的情绪中快速地转移出来。

外在形象的改变

人们大多喜欢美好的东西，这是一件再正常不过的事情。恋爱前的你、热恋期的你，一般会格外重视自己的穿着打扮，每次约会前都会花很多的时间选择适合的衣服和发型。在进入情感的平淡期以后，你还会精心地打扮自己吗？除了两个人之间存在着无法解决的矛盾以外，前任之所以和你分手，也可能是因为你的外在魅力已经不足以吸引他了。改变自己，一定要先改变自己的外在形象。

发型

从头做起，重新来过。如果你不清楚自己该如何改变外在的形象，就先尝试着换个发型吧。当然，你要结合自己的脸型和气质，选择适合自己的发型。你可以参考一下周围朋友的意见，找一款适合自己的发型。当然，你也要参考发型师的意见。有的发型师会根据你的脸型和五官，设计一款适合你的发型。发型的改变，能让你的外在形象焕然一新，还能让你重拾自信心。

穿着打扮

尝试在穿着打扮上下功夫，提升个人的吸引力。女性可以学习美妆方法，找到适合自己的穿搭风格，提升自己的外在形象。

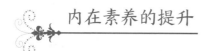 美白护肤

自从恋爱以后，你是不是将自己的心思都放在了维系感情上？你有多久没有美白护肤了呢？女性应该找到适合自己的护肤品，养成美白护肤的好习惯，这样做能让自己提高自信心，受益终生。

内在素养的提升

如果说，外在形象的提升能让前任惊艳，那么内在素养的提升能让前任惊异。人和人之间的最初吸引靠外在，长久相处靠内在智慧。重新接触以后，你当然要靠自己的外在形象瞬间吸引前任的眼球，让前任惊艳，让前任好奇你在这段时间里做了什么，为什么会变得不一样……随着相处时间的增加，你要让前任感受到你的内在素养也提升了很多，让前任觉得你们俩非常契合，彻底地被你征服。那么，你要如何提升自身的内在素养呢？

多旅行，多读书

在电影《罗马假日》里，有一句非常经典的台词："要么去旅行，要么去读书，身体和灵魂总有一个在路上。"旅行，可以让你欣赏到沿途的风景，扩宽你的眼界，这是身体在路上。读书，可以让你感受到文字的魅力，丰富自己的知识储备，这是灵魂在路上。旅行和读书都可以让你不断地去了解未知的外在世界，丰富自己的人生阅历，提高自己的思想内涵。那些沿途的风景，那些书中的文字，都会印刻在你灵魂的深处，成为你的阅历，体现在你的内在素养上。

重拾自信心

分手以后，有的人总想逃避现实，不敢正视自己已经失败的爱情，总是陷在负面情绪的泥潭中走不出来，自我反思以后的结果是自我贬低，丧失自信心，自暴自弃。如果你想要摆脱这样的人生低谷，就需要重拾自信心。自信心是我们的动力之源，能让我们克服困难，勇往直前。那么，我们该怎样重拾自信心呢？想一想自身的优势，想一想那些让自己闪闪发亮的事，尝试给自己心理暗示，暗示自己"我能行"。

❤ 改变思维方式

你们俩之间的感情失败了。你是否思考过感情失败的原因呢？你的感情经营模式是否已经不适合你们俩的感情了？你需要摆正心态，调整自我认知，改变思维方式，让前任意识到你的转变。如果前任感受到你的不一样，意识到你的思想或观念已经足够成熟了，就不会再刻意地抵触你。

第八节
重新吸引前任

··

　　分手以后，你痛定思痛，终于下定决心改变。你通过调整心态，改变自己的形象，变得更富有魅力。在你采取冷冻情感、断联等措施以后，前任对你的抵触情绪也在逐渐减少。此时此刻，你可以准备重新吸引前任了。然而，重新吸引前任并没有那么简单。即使你已经光彩夺目，也不代表你直接出现在前任面前，就能成功吸引前任。这是因为，你的突然出现会显得太突兀。如果你在前期没有做好铺垫，就会让前任感到难以招架，甚至会再次让前任产生抵触情绪。不要急于一时，文火慢炖，感情会更浓。你该如何重新吸引前任呢？

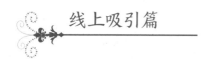

线上吸引篇

🖤 打造新印象

　　你们俩之间的感情出现裂痕，已经到了无法挽救的地步，在这背后大多有一个不争的事实：你原有的形象已经无法吸引前任了。如果你已经改变，变得更富有魅力，该如何让前任看到呢？现在，还有一个很严峻的问题：你已经给前任留下了不好的印象。虽然你们俩有过美好的时光，但是分手时的折腾，再加上你在分手初期所采用的错误的挽回方式，已经让前任对你们俩的感情心灰意冷，对你避之不及。这就需要你打造新的形象，以一种新的面貌出现在前任的面前，打破前任对你的固有印象，让前任忘掉之前的那些不愉快，心甘情愿地和你重新相处。当然，新的印象并不意味着你就需要和以前的样子完全不同。新的印象是指你需要扬长避短，在原有的基础上弥补不足，让前任意识到，虽然你还是你，但是现在的你比原来的你更优秀，更具有吸引力。

💟 线上展示

你该怎样在线上向前任展示自己的变化呢？你们俩还没有恢复联系，看似没有任何交集，没有展示自我的机会和途径。但研究表明，度过抵触期的一方，或多或少地关注前任的社交平台动态。在恢复和前任的联系之前，你完全可以用社交圈来展示自我，将社交平台当作自己重新吸引前任的突破口。线上展示的关键点：贵在精，不在多；贵在表现亮点，切忌无意义抒情。发社交动态的禁忌如下：

忌频率太高。 有的人错误地认为，要多发朋友圈，只有发的朋友圈多，才能引起前任的注意。但实际情况是，如果你经常发一些鸡毛蒜皮的日常，发一些质量不高的社交动态，只会让前任感到麻木，甚至感到厌烦，忽视掉你发的那些高质量的社交动态。

忌无意义的抒情。 自从分手以后，你痛苦不堪，心中有百般忧愁，一心想将自己的想法都告诉前任，将自己的不舍之前全部倾诉给前任，于是将社交平台当作日记本，不管什么东西都敢往上写……可这种动不动就将自己的脆弱展现出来的行为，很可能会再次引起前任的抵触情绪。你可以：

①发一些积极向上的内容，展现你乐观的心态；

②发一篇简短的读书感，体现你高质量的生活状态；

③发布自制蛋糕的图片，展示一下你刚学会的烘焙技能；

……

🌀 破冰

破冰，或许并没有你想象的那样难。可能你担心自己的示好会再次引起前任的抵触情绪，挫伤你寻求复合的积极性。可是，你不尝试一次，又怎么会知道结果呢？如果你做得足够好，前任就不会抵触你。

破冰只是让两个人重新恢复联系。你不要一上来就想挽回这段感情，否则前任会转身逃离。破冰，没有那么难。如果你实在想不到合适的话题，不如直接说一句"嗨，你最近还好吗？"。你还可以尝试使用求助法，在前任擅长的领域里，寻求前任的帮助，满足前任自尊心的同时，还能给前任一个台阶下。

如果前任精通计算机的硬件配置，你就可以问一问前任："我最近想换一台笔记本电脑，我知道你很懂电脑的硬件配置，能否请你帮我参谋一下呢？"

如果前任精通法律，你就可以抽空请教前任："这几天有一件涉及法律的事让我感到非常困扰。因为你精通法律，所以我想问问你。"

在涉及自己擅长的事时，人们多会放下戒备心。

线下吸引篇

🌀 邀约铺垫

成功破冰以后，你不要在第一时间内邀约，先拉长战线，在网上和前任聊天。可以这样说：线上交流是为了进一步邀约做铺垫。线上交流是极为重要的一个环节。即使你和前任恢复联系，也不代表前任就同意跟你复合。值得注意的是，一定不要重提旧事。即使你们俩坦诚相待，也不要轻易触碰往事。因为即使是简单地叙述事实，两个人也很容易陷入翻旧账之中，不利于挽回感情。即使前任对你重新产生好感，你也不要操之过急，不要过早地暴露自己的复合意图。

尽量使用一些简洁的沟通方式，保持足够但并不频繁的聊天频率，聊一些轻松、愉快的话题，让两个人处在一个良好的氛围中，感情就会随之升温。当然，你可以在适合的时机，说出以下这些话：

"我们常去的那家小吃店，现在正在翻新，不知道以后会是什么样子。"

"听说最近有一部挺不错的电影，我特别想去看，可惜没有人陪我看。"

如果你在适当的时机说出以上的话，就是一种邀约的暗示。只要氛围到位，在你发出邀约以后，前任就很难拒绝你。

线下展示和交流

如果前任接受了你的邀约，你们俩就离复合又近了一步。你不要过早地暴露自己的意图，尤其是在前几次的约会中。虽然前任同意和你重新接触，对你产生新的好感，但是更多的是在试探，在观望。在前任尚未完全接受你时，你不要过早地暴露自己复合的念头，以免前面的努力前功尽弃。

当你们俩由线上聊天转移到线下接触时，你就要把重心放在展现自我上。你要让前任意识到，你已经不再是原来的你，现在的你变得极富魅力。线下的交流，应该先从一些轻松、愉快的话题开始，然后慢慢地引导前任回忆过去，暂时控制住自己复合的欲望。你应该和前任正常交往，慢慢地吐露心声，让你们俩的感情浓度与日俱增。你需要认真地做好每一步，找回属于你的爱情。

第九节
进一步吸引

经过断联的铺垫，自我的改变，前任对你的态度有所改观，重新对你充满了兴趣。当你们俩的关系终于有所改善时，你就可以真正地步入下一个阶段——进一步吸引你的前任。进一步吸引前任也是一个循序渐进的过程。只要你能掌握技巧，就能有效地缩短进一步吸引前任的时间。

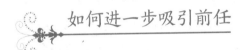

如何进一步吸引前任

话题升级

在刚开始接触时，两个人最好围绕着日常话题展开交流。当然，如果你希望两个人的关系进一步发展，就要重点关注一下聊天的内容。你需要多花点心思，在适当的时机选择适当的话题，以便促进两个人的关系升级。

正确的聊天方法：

①聊前任擅长的话题，或者直接请求前任的帮助，然后给予前任诚挚的谢意。

②说前任关心的话题，或者诱导前任主动关心你的生活。

③引导前任向你倾诉，做一个好的聆听者。

当然，不要让你们俩的话题仅限于此。有时你们俩可以谈一些平淡且有趣的事，让前任对你有一个新的认知，发现不一样的你。没有谁愿意和一个整日充满负能量、张口闭口全是抱怨的人聊天。

暖昧升级

随着话题的升级，你和前任的关系日渐亲密。在适当的时机，如果一方向另一方提出邀约，两个人就很容易重新见面。当然，关于见面这件事，你最好追求水到渠成，不要刻意为之，要耐心等待。如果你们俩都非常矜持，明明已经到了可以重新接触的地步，对方却没有提出邀约，你就可以暗示一下对方。

如果对方面对你这么明显的暗示，还是默不作声，那只能说明你做的前期铺垫还不够，这时就需要你查漏补缺，看看是哪个环节出了问题，然后全力地解决问题。待到两个人重新见面之时，你会有更多展示自我的机会。当然，你的目的是复合，你所希望的还是快速吸引前任。大部分相恋的男女，在捅破窗户纸之前，都会有一段暖昧期。两个人互有好感，但两个人都觉得时机不够成熟，没有确定恋爱关系。如何让已经分手的两个人重新进入暖昧期呢？

在重新进入暖昧期之前，你可以试探一下自己的前任，比如假装在无意中称呼前任的昵称，或者说一些只属于你们俩的美好回忆，等等。然后，你们俩之间可以有一些身体上的接触，当然要确保尺度和适宜性。比如在前任情绪不高时，你可以轻轻地拍拍他的肩膀；在前任失意时，你可以轻抚一下他的头发，让他在舒缓情绪的同时，开始重新接纳你。

倾诉内心

在线下见面的初期，你可以适当地聊一些自己的近况，倾诉一下生活的苦恼。如果你的前任提及过去，你要最大程度地表现出自己的冷静，可以说说自己最近这段时间反省的结果。实际上，这个时候的谈话重点已经不再局限于道歉了，而是让前任明白：你已经意识到了自己的不足，你已

经反思了很多，愿意改变，并且已经改变。如果你们俩有机会重新走到一起，你要有信心确保你们俩不会重蹈覆辙。

如何确认前任已经被你重新吸引了

重新接触一段时间以后，你和前任的关系日渐亲密，不过离"彻底吸引"依旧有一段距离。那么你该如何确认前任已经被你重新吸引了呢？你可以依据以下三个方面：

❤ 前任开始主动跟你聊天

前任从抗拒与你接触，到开始主动找你聊天，这就是一个巨大的转变。通过断联，前任对你的抵触情绪已经减少了，但还是有一些犹豫，毕竟他尚未从上一次的情感伤害中彻底地走出来。通过线上的接触，前任对你的抵触情绪进一步减少，他不仅不抗拒与你交流，还逐渐喜欢上与你接触，并享受其中，这代表他已经重新接纳你了。前任开始主动跟你聊天，这代表前任已经习惯了与你交流，认可你重新进入他的生活，他已经被你吸引了。

❤ 前任不再抗拒与你聊有关情感的话题

没被你吸引前，尚在排斥期的前任，一定非常不愿意跟你谈有关情感的话题，尤其是旧情。如果你提及有关情感的话题，哪怕是表达自己的歉意，前任照样会表现出抗拒的情绪。前任在接纳你以后，可能依旧不愿意谈论你们俩的过去和未来。你可以偶尔说一些关于情感方面的话题，确保点到为止。在前任真正地被你吸引以后，他就不会再抗拒跟你聊有关情感的话题。

❤ 前任愿意跟你倾诉

从抵触到接纳，前任或许不再排斥和你聊天，但话题基本上只限于日常的琐碎，极少会跟你敞开心扉。如果前任真正地被你吸引，就愿意重新敞开心扉，跟你聊一些有关情感的话题，学着跟你分享喜悦，倾诉苦恼。

如果一个人愿意在你面前展示脆弱，愿意将你当作倾诉的对象，就代表他已经足够信任你了。

怎样捅破最后一层窗户纸

在进入暧昧期以后，两个人的关系很像是一对恋人，但时间一长，其中一方就习惯了这种"不是恋人，又似恋人"的状态，一直不想去捅破最后一层窗户纸。你该怎样捅破最后一层窗户纸，让你们俩的关系重新变成恋人的关系呢？

引导复合

已经到了这一步，如果你有足够的信心，完全可以向前任表达自己的复合意图。在现在这个阶段，对于彼此的意图，你们俩都是心知肚明的。但问题的关键在于，如果你将话说得太明白，就容易让自己下不来台。既然如此，你不妨用含蓄一点的话语来引导前任认同你。如果你们俩之间的语言、举动都已经超出了普通朋友的界限，表现得相当亲密，你就可以直接这样问："我们俩算是重新开始了吗？"

当然，如果你的自信心不够，你可以再含蓄一点地对前任说："你觉得咱们俩现在是什么关系呢？"如果你的前任回答得很干脆，并顺着你的话题承认你们俩已经重新交往了，那么结果自然是皆大欢喜的。如果前任含糊其词地说"我觉得我们俩现在这样挺好的""我还没有想好"，那你就可以转身离开，暂时冷处理这段关系，给前任足够的时间和空间去冷静，同时给自己保留一些尊严。

制造不可得性

当然，也许现在的你依然害怕被拒绝。在面对前任的问题时，不是所有的人都会主动，也不是所有的人都能在受到伤害后，愿意重新触碰一段失败的感情。你可以合理地引入异性竞争机制，让前任意识到你的不可得性。有的人对触手可及的人或事，通常会采取不在乎的态度，甚至选择无视，但对于不可得的、很难得到的人或事，反而会非常重视，激起占有欲。只要你的前任想复合，你就立即选择与他在一起，丝毫不会犹豫，你这样做就会让他认为你太容易被得到了。这就容易导致前任不重视你们俩的复合，他只愿意享受暧昧的美好，不愿意让你们俩的关系更进一步。

那么，你该如何制造自己的"不可得性"呢？引入异性竞争机制，让你的前任意识到，你现在不仅是单身，还是优质单身，在你的生活中，并不是只有他一个异性，你有很多的选择，他只是其中的一个。找准机会，在成熟的时机，适当地刺激前任一下，让他"吃个醋"。你可以发一条有关自己和其他异性互动的朋友圈，或者有意无意地提及家里给安排的相亲对象……

当然，你要尽量避免太直接的刺激，比如"晒出"自己和其他异性的合照，或者"晒出"自己与其他异性的聊天记录……否则你会引起前任的抵触情绪，让你前期的努力付诸东流。正确的做法是，给自己的前任留下揣摩和猜测的余地，让他感到紧张，意识到你的不可得性。如果你操作合理，时机恰当，你的前任是极有可能再次跟你表白的。

第十节
情绪修复

在刚分手的那段时间里，大部分人会慌乱不已。毕竟，当自己十分珍视的情感，并未朝着既定的方向发展时，你当然会茫然不知所措。当然，慌乱过后，大部分人的第一反应是挽留对方，想要用各种方式修复感情。值得注意的是，修复感情是不可能一步到位的。

有的人想："我要尽快地修复我们俩的感情，我要让我们俩的感情回到过去的状态。"那么，该如何修复一段感情呢？有的人可能会说："正常修复呗。"很显然，这是一个不是答案的答案。如果你想从北京去上海，你当然不可能光靠想就能到达目的地。首先，你要规划好路线，选择适合自己的交通工具，然后出发。

对于情感修复来说，你的出发点是"破裂的感情现状"，目的地是"成功修复感情"，自出发点到目的地，是不可能一步到位的，你需要选择适合的"交通工具"，这里的"交通工具"是指挽回感情的方法和技巧。"修复情感"是你的终极目标。为了这个目标，你要一步一步地走，逐个处理问题。而修复感情的第一步是修复失衡的情绪。

情绪失衡的表现

在修复感情前，你要清晰地意识到你的情绪到底处于哪种失衡的状态。

正常人至少会经历三种情绪状态：凭什么→为什么→怎么解决。

凭什么

在感情破裂的初期阶段，你依旧处在愤慨之中，久久不能自拔，脑子里有各种各样的想不通的问题，归结成一点就是不停地反问："他凭什么对我不好？他凭什么要这样对待我们俩的感情？他明明跟我承诺永远不分手，现在凭什么跟我提分手？我对他那么好，他凭什么要跟我分手？……"有些人的恋爱时间长，情感浓度下降，伴随着各种争执，倘若处理不当，随之而来的就是两个人出现摩擦和冷战。有的人之所以一直在问"凭什么"，还是因为心有不甘——明明自己付出了那么多，却没有得到一个好结果。

如果你正处在"凭什么"的情绪阶段，我不建议你立即修复你们俩的感情。因为处在这一阶段的你，是感情的奴隶，完全被感情支配。有些人无法接受分手所带来的巨大落差感，会陷入一种"凭什么"的情绪状态之中。

"我又没做错什么，凭什么呢？"一旦陷入这种情绪状态之中，你的行为就会不断地发生变化：低声求和，希望前任能给你一个解释的机会；你又试图用昔日的感情，再配合上"苦肉计"，在朋友圈里发一些展示自己脆弱的文字，可前任依旧不为所动；你开始愤怒，开始否定前任，甚至到处诋毁前任背弃承诺；愤怒之后，你开始死缠烂打，希望前任妥协；在被前任拒绝几次之后，你开始歇斯底里。最终的结果是你们俩的感情不但没有得到妥善的修复，反而还变得更糟……

因为你一直处于情绪波动中，没有在脑海中形成一个固有的挽回感情的思维模式，也没有一个修复感情的主线，一直没有跟上前任的节奏，才落得现在这种境地。当你的大脑完全被"凭什么"占据时，你会忽视掉这段感情的问题所在。如果你们俩的婚姻或恋爱出现问题，那就说明你们俩都存在着问题。

如果你想的都是"凭什么他要这么对我"，那就是在潜意识里，将一切的问题都推在了前任的身上。如果你到处跟人说"前任没有担当意识，没有责任心，将当初的承诺忘得一干二净，他就是一个彻彻底底的'渣男'"，你就要试着让自己的情绪快速地缓和下来，然后转换一种思维方式，将"他凭什么"换成"凭什么我们俩的感情会这样"。

是的，你需要从愤怒的情绪中解脱出来，从指责的态度中转移出来，先不要将责任都推到前任的身上，先将你们俩的问题归结在你们俩的感情上。

你可以尝试深呼吸，让自己的情绪逐渐冷静下来，借此放空自己的思想。思想放空的目的，自然是帮助你不被混乱、愤怒的情绪影响。然后，你要试着转移自己的注意力，将自己的心思放在这几个问题上："凭什么我们俩的感情会走到这一步呢？""凭什么我们俩的感情会出现这样的问题呢？""凭什么我们俩感觉不幸福呢？"

雪崩时没有一片雪花是无辜的。伤害不是由一个人造成的，两个人都应该为失败的感情负责任。尝试将"凭什么"替换成"为什么"，那么上一段文字所涉及的三个问题就变成了："为什么我们俩的感情会走到这一步呢？""为什么我们俩的感情会出现这样的问题呢？""为什么我们俩感觉不幸福呢？"

如果你转变思维模式，就是在改变自己的认知。接下来，你就会顺利地进入下一个阶段——"为什么"。

为什么

恭喜你进入这一阶段。如果你正处于"为什么"的阶段，就意味着你已经缓和了自己的情绪。至少，你不再自怨自艾，不再深陷责怪前任的怪圈中。你开始尝试改变思维模式，开始尝试透过现象看本质，开始剖析问题的关键所在："为什么我们俩的感情会破裂呢？""为什么他会提出分手呢？"……

　　如果你在此刻打了退堂鼓，意味着你还没开始行动就被问题打倒了。情感修复，绝非一条平坦的道路。既然你选择走这条道路，就要坚定自己的信念，坚持走下去。如果你真的感觉自己无法坚持了，就停下来想想自己的最终目的：挽回丢失的感情，让自己变得更美好。

　　人要活着，总得有一个奔头。如果你对生活没有任何规划，那么你的生活状态只能是浑浑噩噩，得过且过。所以，我们需要定一个短期的目标。当我们在工作、生活中遇到困难时，我们可以想想自己的目标，然后咬咬牙继续坚持下去。有目标，就会有动力。如果你在一开始就打退堂鼓，或者在挽回前任的过程中，感觉无法坚持下去，就想一想自己的最终目的，幻想一下未来的美好生活，然后继续前行。

　　在想"为什么"的过程中，也许你会感到困扰，因为你很难找到真正的答案。如果你真的无法追溯根源，不妨从细节出发，回想一下：你们俩的感情是从什么时候开始出现裂痕的？前任是从什么时候开始找各种理由疏远你的呢？……没错，情感的变化会体现在两个人日常相处模式的变化上，找到变化的点，按照时间点向前逆向推理，你就很容易发现端倪，找到问题的根源。

　　情感的变化往往缘于性格的变化、观念的变化、思维模式的变化、情感经营方式的变化等。如果你正处于"为什么"的阶段，就暂时不要想着修复情感，因为你的情绪依旧处于不稳定的状态中。你现在需要反思自我，为进入下一个阶段做好准备。

　怎么解决

　　如果你已经处于"怎么解决"的阶段，那么你就摆脱了愤怒、疑惑等不良的情绪，开始积极地寻找对策。你应该思考："如何修复这段失败的感情呢？""怎么才能让前任回到自己的身边呢？"……如果你走到了这一阶段，就说明你已经妥善解决了自己的情绪问题。现在的你至少已经不再那么计较到底谁对谁错了。

当然，有时你可能依旧会走进原来的思维误区，心有不甘，回忆曾经的美好，对比现如今的生活，又觉得心理落差巨大，产生不良的情绪，这是一件再正常不过的事。如果你毅然决然地走上情感修复的道路，就意味着你要孤军奋战，面对一切问题。

如果你的恋爱出现问题，你可以试着用沟通交流的方式来解决问题。如果你们俩已经分手，你就需要让自己的情绪平复下来，转变观念，在适当的时机选择断联一段时间，然后在这段时间内改变自我。如果你的婚姻出现问题，感情破裂，已经到了即将离婚的地步，你就先平复好自己的情绪，让自己从愤怒、不甘、自怨自艾等不良的情绪中抽离出来，及时地将爱人拉回到自己的身边。

为什么情绪会失衡

你是否想过自己情绪失衡的原因呢？也许，你的情绪之所以会失衡，是因为感情破裂或者婚姻失败让你感到挫败。但这些只是表面上的原因。如果你想从根源上解决问题，就要找到更深层次的原因，那些隐藏在内心深处的情绪失衡的原因。

希望越大，失望越大

从你选择跟他在一起时，你就将自己的全部精力都放在这段感情上面，期盼着两个人的感情能够长久，能够一起过着幸福的生活。即使这段感情会出现问题，你也相信这些问题只是暂时的，最终都会得到解决。你将自己的希望都放在这段感情上。如果你和爱人的感情出现问题，摩擦不断，争执不断，你就会非常失望。一段时间以后，如果你和爱人之间的矛盾依然没有得到妥善解决，你就开始质疑自己是不是错付了真心。

现实情况是，即使两个人的感情再好，也会有各式各样的问题。一段长久的感情，不仅要看双方对这段感情的重视程度，还要看双方解决问题的态度和能力。因为世界上不存在两片相同的叶子，也没有性格、三观等完全一致的两个人，所以两个人在相处的过程中肯定会有各种摩擦和冲突。

付出和回报不对等

如果你在一段感情中倾注了太多的心血，付出了很多，就会相应地提高自己的期待值。但情感的回报率，并不是只看你的投入。一旦出现付出和回报不对等的情况，你的情绪自然就会失衡。起初，你会非常失落。时间一长，你的情绪会被这种不对等侵占。这个世界上没有绝对的公平。即使你是那个最努力的人，也不一定是那个最幸福的人。在这段感情上倾注太多心血的你，不一定会收获满满。

有的人认为："只要我多付出一些，姿态放低一些，多花点心思讨好对方，总有一天他会心软。"可是，事实真的是如此吗？一段建立在不平等基础上的关系，是很难长久的。一个长期处于高姿态的人会觉得这一切都是理所应当的。而如果一个长期处于低姿态的人没有得到回报，就会被失落的情绪侵袭。

就像投资理财一样，你精挑细选，选中自认为理想的理财项目。如果该项目的回报周期短，收益率高，你自然会追加投资，以便获得更多的利润。如果该项目的回报周期太长，收益率极低，甚至会有负的收益率，那你自然不愿意继续投资。在两性关系中，如果你长期处于低姿态，付出极多，却得不到回报，甚至还会得到负回报，动不动就会被分手要挟，你的情绪自然会出现波动，甚至失衡。

曾经拥有爱情

有这样一句话："人生最大的痛苦不是未曾拥有爱情，而是曾经拥有爱情，但已经失去爱情。"其实我们可以将这句话适当地扩充一下，就变成了："人生最大的痛苦不是未曾拥有爱情，而是曾经拥有爱情，却只能眼睁睁地看着爱情消失，自己无能为力。"

"曾经的他对我很好，现在的他对我很冷淡。哪怕我对他好言好语，他都不和我交流。"

"分开以后，我想和他复合，可他对我像陌生人一样冷漠。"

"我的老公原来很爱我，一下班就回家，现在的他总说自己工作忙，应酬多，总是很晚才回家。"

"他越来越过分了，竟然跟我提出离婚！"

是的，人们一想到曾经的幸福，再看看现如今的状态，自然会感到失落，悲从中来，情绪自然会失控。但你的爱人，并不会因为你的情绪失控而心生怜意，重新对你百般呵护，言听计从。失控的情绪只会影响你思考，让你做出错误的决定。所以修复感情的第一步，就是修复自己的不良情绪。

如何修复情绪

🪨 转移自己的注意力

你的情绪之所以一直忽高忽低，反反复复，是因为你的情绪完全被对方影响。如果你的房屋漏雨，你的应对措施是接雨，这只是一个临时的对策。针对房屋漏雨的根本对策是在雨季来临前修缮房屋，或者在天气晴朗时修补房顶。正在深受情绪波动影响的一些人，甚至会天真地认为："既然是对方提出的分手，那我就把心思放在对方的身上，努力说服对方即可，这是一种挽救感情的方式。"我只能说这种想法实在是太天真了。

两个人的感情出现了问题，双方都有推卸不了的责任。你无法说服对方，甚至都不能说服自己。你不要总想着改变对方，让对方回心转意。你做不到只用语言就能改变对方。你能做的是改变自我。现在的你需要将自

己的注意力转移到自己的身上，去发现真实的自我，意识到自身的优势和不足，然后做出调整。如果你有所改变，就会影响你们俩的情感进程。

🎭 尝试倾诉

修复情绪的另一个方式是尝试倾诉。遇到感情问题，遭遇婚姻危机，你一直独自承受着悲伤和痛苦，从未找人倾诉过。也许，在你看来，家丑不可外扬，你不愿意将自己最脆弱的一面暴露出来。如果你总将自己的委屈憋在心里，既无法改变现实，也容易憋出心理问题。我建议你找他人倾诉一下。

当然，除了排解忧愁以外，倾诉还有更深层次的意义。当你的婚姻或恋爱出现问题时，为什么你要找人倾诉呢？因为如果你陷入糟糕的情绪旋涡中，你的想法就可能会变得相当偏激，要么一味地自怨自艾，将所有的问题都抛给自己，要么将所有的责任都推给对方，将对方当作感情的背叛者。很显然，这是不客观的想法。有的人一遇到事，就容易做出不客观的判断，不能跳出自己的视角，不能以一个旁观者的角度冷静、客观地看待问题。

如果你找他人倾诉，他人除了会给你安慰以外，还会给你一些比较中肯的意见。当然，如果你想获得他人客观、理性的分析，就要客观地表述问题，不能刻意地掩盖事实，不能只说对自己有利的话，企图换来他人的同情，否则倾诉这件事对你来说没有任何积极的意义。久而久之，你只会让自己陷入麻痹之中。

🎭 去做一些有意义的事

在你努力平复自己的情绪，积极改变自我以后，你意识到一个问题：这段感情暂时无法修复。曾经的恋人极其抵触你，甚至躲着你。既然你暂时无法修复这段感情，就不要再将时间和精力放在修复感情上面，不要再不断地为难自己，不要让自己的不良情绪反复。此时，你需要转移注意力，将时间和心思放在其他重要的事上。

如果你一直低头走路，从不抬头看周围的风景，那么你的日常生活会是枯燥的，没有任何色彩的。如果你将自己所有的心思都放在这段感情上，忽视自己的兴趣爱好、工作、学习，抛弃亲情和友情，那么你的人生就会变得单调，毫无色彩。既然你暂时无法修复这段感情，就不如去做一些有意义的事，比如外出旅行，多和自己的亲朋好友相聚，多陪陪自己的家人，重拾兴趣爱好，多花点心思在工作和学习上，这些有意义的小事会在短期内给你惊喜。

如果你尝试转移注意力，将生活的重心向其他事情倾斜，就会意识到，爱情不是你人生的全部。意识到这一点后，你就不会再固执地陷入修复感情的迷宫之中，负面情绪也会随之烟消云散。

第十一节
感情破裂的原因

最初，你无法接受感情破裂的现实，开始陷入悲伤、痛苦、愤怒等不良的情绪之中。可在你冷静下来后，你是否会有这样的困惑："我和他之间的感情曾经是多么地美好，可现在的我们走到了分手的地步，到底是什么原因呢？"这时，你需要透过现象看本质，只有意识到问题的根本，才能拨开一直笼罩在自己头那顶上的迷雾。分手以后，如果你陷入消极的情绪之中，久久不能自拔，那只会让你意志消沉。

想要挽回对方，你不能只靠低头认错的方式，因为对方已经对你心生不满，你的低头认错换不来对方的回头。低头认错的方式不能解决感情问题，也不能搬开挽回路上的障碍物。如果你想要挽回这段感情，就需要跨越障碍物。而在决定跨越之前，你至少要知道摆在你面前的障碍物有多高。

选择正式挽回前，你一定要先冷静下来，找到感情破裂的根本原因，然后尽力去改变，以便最大程度地消除对方对你的敌对情绪。我通过分析上万个修复感情的案例，总结了以下 6 个感情破裂的原因：

丧失了吸引力

在相互吸引的最初阶段，男女双方都想在对方面前展现最优秀的自我，以便让对方对自己的好感迅速激增。在刚开始约会时，有的男性会在各种细节上思考良久，以便将约会安排得妥妥当当；女性则会在穿着打扮方面下功夫，以便展现自己最美好的样子。可是，一旦进入情感的平淡期，双方就开始忽视自我展示的重要性，忽视自我经营情感的必要性。

有的男性在进入情感的平淡期以后，就不再重点关注约会的各种细节了。而有的女性在进入情感的平淡期以后，抱着"既然你爱我，就要接受真实的我"这一想法，懒得梳妆打扮，懒得在爱人面前展示自己美好的一面。爱情理应随着时间的推移，让两个人变得愈发美好。然而，有的爱情如同逆水行舟，不进则退。一旦某个人忘记展示最优秀的自我，就会减少自己的吸引力，直到感情出现裂痕。

【建议对策】

自我提升是维系感情的核心。如果你能够不断地完善和提升自我，还有弥补感情的可能性。如果你们俩的感情已经破裂，前任对你产生了糟糕的印象，那你就先让自己淡出这段感情，然后改变自我。改变，要从一点一滴做起，关注细节，期待量变引起质变，用一种全新的样子重新吸引前任。

没有经营好自己的爱情

除了自我经营以外，爱情也是需要经营的。男女双方是依靠爱情才走到一起的，不能放任爱情自由发展。哪怕是种花养草这样的事，你也需要花心思、花精力。如果你想将花草养护好，就需要学习一些专业的种植知识，购买足够的养料，否则这些花花草草就容易枯萎。如果你们俩都选择不经营爱情，只享受爱情所带来的美好，忽视自我的付出，那么你们俩的爱情迟早会消失。

【建议对策】

建议你先从这段感情中抽离出来，快速地让自己冷静下来，然后思考

这段感情出现了什么问题，该怎么样去经营。如果你能思考到这些，就有弥补感情的空间，以便让对方意识到你的改变，给你复合的机会。

缺乏安全感，托付心理太强烈

托付心理是指一个人未将自己当作一个独立的个体，而是将自己完全托付给对方。有的女性或多或少地存在着托付心理。如果一个人的托付心理太重，就很容易引起他人的抵触。简单地说，托付心理就是"你应该如何做"。

"你是我的男朋友，你就应该惯着我，不能跟我吵架，哪怕我做得不对。"

"你是我的男朋友，你就应该对我好，呵护我。"

"你是我的男朋友，你就应该顺着我，包容我，不能跟我提意见，不能对我有一丁点的不满。"

当然，两个人在一起，只有关爱、呵护和包容彼此，才能让两个人的感情更加稳固。在经营感情的过程中，你不应当只是口头上的索取，不能对自己的爱人说"你应该怎么做"。你应该用适当的方式，引导自己的爱人心甘情愿的付出。即使你的爱人愿意为你付出，也不代表你就可以无理取闹。如果你的托付心理太重，就容易让对方抵触你、反感你，甚至让对方产生想要逃离的心理。如果你带着托付心理去对待这段感情，那么你的期望越大，失望越大。一旦你稍有不满，你的负面情绪就会随之爆发，给对方很大的压力。

【建议对策】

建议你最大程度地减少自己的托付心理。即使你们俩的感情稳定，你也要始终意识到自己是一个独立的个体，要时刻保持自主、自立。你也要明白这样的道理：跟自己的爱人在一起，当然是一件很幸福的事情，但你的幸福并不是完全来自他。即使没有爱人，你也会生活幸福。而有了爱人以后，你会更幸福。真正的幸福要靠自己去争取。如果你想要更幸福，就要将你们俩的感情经营好。如果你做出改变，减少托付心理，你的爱人就会减少压力，愿意再次亲近你，不再躲着你。

没有真正地满足爱人的诉求

在相处的过程中，男女双方除了势均力敌以外，还要彼此成就。"势均力敌"是维系感情的基础，"彼此成就"能给感情提供向上的动力。你应该站在对方的角度思考，了解对方的情感诉求，然后尽力去满足。然而，你不一定就真的了解自己爱人的诉求。看看这个故事：两个蛋相爱了。过了一段时间，这两个蛋被成功孵化，一个是小鸟，另一个是蛇。小鸟将自己觉得最好吃的虫子给了蛇，但蛇没有丝毫感动，因为蛇根本不喜欢吃这种虫子。

【建议对策】

既然你已经走到这一步，就只能面对现实。既然你选择挽回，就要从现在开始寻找感情失败的原因，了解对方的真实诉求。然后，你要找到自己努力的方向，开始完善自我，力求满足对方的情感诉求。

原生家庭的影响

遭遇父母阻挠，你们俩的爱情不被父母看好，你们俩被限制来往，直至被拆散。起初，你们俩的感情很好，即使遭遇父母阻挠，也彼此信任，不会轻易动摇。但一段不被父母祝福、支持的感情，仅仅依靠两个人的信念，很难长久。两个感情再深的人，一旦被父母限制来往，就无法继续往前走。如果你们俩看不到这段感情的未来，时间一长，就会被一种无力感

侵袭，任谁都按捺不住这种情绪，最终只能选择分手。

【建议对策】

你的父母之所以反对你们俩在一起，一是因为观念上的差异，你的父母不认可这段感情；二是因为年龄和阅历，你的父母认为这段感情存在着不可避免的风险点，不稳定。面对父母的强势反对，你有信心说服自己的父母吗？这是很难的，因为你很难改变父母的观念。

当你在婚恋问题上和父母的意见不一致时，你不要急着去说服他们。你的反驳可能会引出更多的问题，让你处于更不利的地位。当你们俩的感情被父母反对时，我认为正确的应对方式是：

（1）如果你们俩不愿意分手，那就要坚定信念，继续走在一起。

（2）努力改变现状，努力提升自己，缩小两个人之间的差距。一个月的时间不够，就三个月、半年，甚至更长的时间。只要你们俩的态度坚定，愿意为对方做出改变，变得越来越好，越来越适合彼此，父母自然就会放下之前的成见。

异地恋

异地恋分手的原因，多半是距离放大了两个人之间的矛盾。两个人相聚太远，就容易让彼此产生不信任感，再加上无法排解的寂寞，一方或者双方无法再承受这种不安感。因为距离太远，两个人就无法及时地当面沟通，容易产生误会。有时，一个小小的玩笑，如果是被当面说出来，也许两个人乐一下就过去了；如果不是被当面说出来，就容易让两个人产生误会。在寂寞、误解、怀疑等负面情绪的夹杂下，两个人之间的矛盾越积越多，直至感情彻底破裂。

【建议对策】

有时，两个人之间的感情并未真正地破裂，只是因为异地放大了许多矛盾，导致很多问题无法得到妥善处理。如果你想要降低异地恋分手的概率，我建议你这样做：

多沟通。即使你把对方当作自己的灵魂伴侣，也不要忽略聊天的重要性。多联系对方，多给对方分享自己的生活。即使你再忙，也要尽量及时地回复对方的消息。如果你真的有急事需要处理，可提前告知对方你在某段时间内无法回复消息。当然，在聊天时，你要尽量遵守这样的原则：能视频就不要用语音，能用语音就尽量不用文字。单纯的文字聊天，很容易让两个人产生误会。

多一些日常互动。虽然你们俩在平日里很少见面，但这并不代表你们俩就不能参与彼此的生活。你们俩可以在网络上多一些日常的互动，秀秀恩爱。你们俩可以共同阅读一本书，一起玩同一款游戏，分享心得体会。如果你们俩共同做一件事，就会缩短两个人之间的心灵距离，排解寂寞。

公开关系。将你们俩的关系公开，让亲朋好友都知道你是有恋人的，只不过暂时处于异地恋的状态。你可以时不时地给自己的爱人邮寄点零食、礼物，或者为自己的爱人点个外卖，制造惊喜，让他周围的人知道你的存在。

为了结束异地恋而努力。两个人一定要对未来有足够的规划，一起设置一个时间节点——结束异地恋，选择同城生活。设置时间节点的目的，就是让你们俩朝着这个目标而努力。在彼此信任的前提下，你们俩一起坚定信念，为了结束异地恋而努力。

第十二节
修复情感

在你想明白"为什么"以后，你自然就会进入"怎么解决"这一阶段。在这个阶段，大多数人早已从愤怒、不满等不良情绪中抽离出来，不再计较对错，更不会和前任发生争执，试图说服前任。感情的修复，并非一蹴而就，更不可能是水到渠成的事，一切都是事在人为。

判断一段感情是否值得修复

在选择挽回一段感情之前，不少人会产生这样的疑问：这段感情是否值得挽回呢？可以挽回这段感情吗？你需要先想想挽回的初衷是什么。你是无法放弃这段感情呢，还是无法接受分手的现实，不甘心放弃这段感情呢？然后，你再思考一下这个问题：如果你成功挽回这段感情，你是否有足够的信心把握住这段感情呢？想清楚自己的初衷，意识到自己对这段感情的决心以后，你再做出最终的决定。要知道，没有人能帮你做决定，毕竟这个选择直接关系到你的感情走向。除了你自己以外，没有人可以为你的决定负责。

判断真性分手和假性分手

如何判断你们俩的分手是属于真性还是假性呢？虽然真性分手和假性分手的结果都是一样的，但是提出者的目的是不同的。

🖤 假性分手

请记住，假性分手中的"分手"，并不是对方的真正目的。之所以将其称为假性分手，是因为对方并不想跟你结束亲密关系，自此跟你成为陌生人。对方之所以提出分手，是因为他想通过分手这件事掌握话语权，占据有利的地位，从而达到其他目的。这种说法很难让人理解。我可以先举一个简单的例子：年龄尚小的孩子，在商店里看到自己喜欢的玩具，而父母不给他买的时候，他会怎么做呢？他会撒泼、打滚，让父母丢尽脸面，直到父母给他买下这个玩具。

仔细想想：这个小孩撒泼、打滚的目的是想让父母丢尽脸面吗？当然不是。这个孩子真正的目的是让父母给他买玩具。你只有透过现象看本质，才能意识到他人的真正目的。回想一下：你有没有用假性分手的方式来逼迫对方在某一问题上妥协呢？只要对方此时选择妥协，你们俩就不会走到分手的地步。现如今，你们俩却走到了分手的地步，只能说明提出分手的那个人没有达到自己的目的。

🖤 真性分手

真性分手的提出者，就是想分手，就是想结束你们俩的这段感情。曾经美好的感情已经在对方心中消失了。男女双方度过热恋期，进入情感的平淡期后，总会产生一些观念上的冲突。如果男女双方无法解决这样的冲突，谁都不想做出妥协，那么男女双方之间的感情肯定会走下坡路的。从

某种程度上来说，你们俩之间的吸引力依旧是存在的，也依然能够为彼此提供足够多的情绪价值。但随着你们俩之间摩擦、争执的次数越来越多，总有一方无法接受这样的状态。谁愿意坚持一段不适合自己的感情呢？谁愿意坚持一段满是负面情绪的感情呢？

如果对方就是想结束你们俩的感情，这就是真性分手。在真性分手中，我们还需要注意一种极其特殊的分手：冷处理分手。虽然冷处理分手也是建立在真性分手的基础上，对方是铁了心地想要结束你们俩的感情，但是对方并没有直截了当地表明，而是采取一种冷处理的方式，开始对你刻意冷淡，不闻不问。当你意识到这一切时，你哭着问对方："我到底犯了什么错，你要这样对我？如果我哪里做得不好，我可以改。"但对方根本不给你任何机会，依旧用一种冷淡的态度对待你，直到你忍无可忍，跟他提出分手。

如果你跟对方提出了分手，那么就正中他的下怀。因为对方一直想结束你们俩的关系，但碍于道德层面的因素，他担心自己在跟你提出分手后会有愧疚感，于是选择不做分手的提出者，而是用冷处理的方式来逼迫你妥协，让你主动说出分手的话。在你提出分手后，你还天真地认为，自己是分手的提出者，对方还深爱着自己，只要自己收回分手的话，就可以重新跟对方在一起。

假性分手和真性分手后的表现不同

假性分手：不会对外公布分手的消息。

真性分手：会在合适的时机公布分手的消息。

假性分手的提出者并不是真的要分手，只要事情有转机，有回旋的余地，他就会跟对方走在一起。假性分手者不会把分手这件事公之于众，否则他很容易下不来台。但真性分手的提出者是真的想要结束这段感情，他会迫切地想把分手的事实公之于众，避免引起不必要的麻烦。

假性分手：保留联系方式，一般会积极地回复对方的消息。

真性分手：可能会保留联系方式，但大概率会断开联系，不会积极地回复对方的消息。

假性分手的提出者，就是想用分手来逼迫对方在某件事上做出妥协，在分手以后，他根本不会抵触对方，反而会积极地等待对方的消息，期盼着对方做出妥协。但真性分手的提出者，就是想结束这段感情，他已经无法承受这段感情所带来的负面影响，面对对方的示好，他会非常抵触，甚至会彻底断开联系。

假性分手：频繁地更新自己的动态。

真性分手：一潭死水，基本上不再更新自己的状态。

假性分手的提出者，在分开以后，会频繁地更新自己的状态，目的就是多曝光自己，以便让对方感受到自己的存在，让对方关注自己。而真性分手的提出者，庆幸自己终于摆脱了这段感情，他只想断开跟对方的联系，减少曝光，尽量不再出现在对方的面前，避免对方误解。

🌑 无论是真性分手，还是假性分手，都是可以挽回的

有的人会有这样的疑问：依照上文的论述，是不是只有假性分手能挽回，真性分手就没有挽回的机会了？我只能说假性分手的挽回难度小，真性分手的挽回难度大。毕竟假性分手的提出者并不是真的想分手，而是带有其他目的，只要对方选择妥协，两个人重新走到一起的概率是很高的。毕竟，假性分手中的两个人之间还是有感情的。

那么，真性分手的提出者是否就一定对自己的爱人没有感情了？答案是不一定。对方向你提出分手，并不意味着他一定对你没有任何感情了。虽然对方对你依旧有感情，但是这并不代表他就不会跟你提出分手。一段长期、稳定的感情，需要建立在对自己有利的前提下。如果这段感情让对方觉得痛苦大于幸福，他又怎么可能会继续坚持下去呢？

无论是真性分手，还是假性分手，都是可以挽回的。只不过两者所需要采取的挽回方式是不同的。在选择挽回之前，先判定好两个人属于哪种类型的分手。看到这里，你应该对真性分手和假性分手的概念有所了解了，可以稍微缓和一下自己的情绪，做一个简单的小测试：

【案例 A】

和男友相处三年的小林，偶尔会跟男友吵架，不过两个人的感情很好。在大四开学以后，两个人因为未来规划的问题产生了争执。小林想继续在学校读研深造，但男友想趁着年轻，大学毕业后直接去一线城市闯荡。两个人都无法接受异地恋，又无法达成统一意见，争执不下，最后男友无可奈何地提出了分手。这是真性分手还是假性分手呢？

【案例 B】

小天和男友是通过相亲认识的，她觉得这个男生在各方面都表现得不错，于是选择跟男友在一起。在确定恋爱关系以后，两个人约会过几次，相处得还不错。但小天发现男友跟前任藕断丝连，还跟不少女生在微信上聊天。深感被欺骗的小天，一怒之下提出了分手。这是真性分手还是假性分手呢？

【答案】

在案例 A 中，两个人属于假性分手，因为两个人的感情很好，只是暂时遇到了问题，无法达成一致意见。男友之所以提出分手，是因为他想用分手的方式逼迫小林妥协。在案例 B 中，两个人属于真性分手，因为这段感情的风险大于收益，面对相亲对象在男女关系上的不清不楚，小天选择及时止损。

假性分手后，应当如何修复感情

假性分手的挽回方式要简单一些，但这并不代表假性分手的挽回就简单到根本不费力气。有的人将假性分手想得太简单了，觉得两个人之间不存在什么大问题，只需要跟对方低头认错，两个人就会重归于好。你一次两次地用这种挽回方式或许能行。可如果你每次都用这样的挽回方式，没有从根本上解决问题，对方就会一次又一次地使用假性分手的方式。

如果你们俩没有从根本上解决假性分手的问题，就意味着你们俩的感情存在着无法过去的"坎"。想要彻底解决假性分手的问题，就一定要找到那个"坎"，并想方设法地迈过去。比如你约会总迟到，经常爽约，也许在你看来这不是什么大事，构不成分手的理由。但在你的爱人看来，你之所以这样做，是因为你对这段感情不重视。久而久之，你的爱人难免会胡思乱想，对你的感情开始动摇。对你而言，解决问题的正确方式当然不是解释自己有多忙，劝自己的爱人不要太在意，不要无理取闹。你的爱人希望你能真正地面对问题，然后妥善地解决问题，否则假性分手很可能变成真性分手。在成功修复感情以后，你需要维护好你们俩的长期亲密关系。

🖤 给予对方足够的关心

实际上，只要你能换位思考，就会意识到这一点：如果你没有触及对方的底线，即使对方再生气，也不愿意跟你提出分手。而这一点成立的前提是你让对方感受到你对他的关心和在乎。请你反思一下：在这段感情中，你的索取是否大于你的付出？你有没有真正地了解对方的情感诉求呢？如果你想让你们俩的感情稳定，就需要站在对方的角度考虑对方的情感诉求，多关心一下对方。

🖤 给对方提供应有的安全感

对方提出了分手，即使并非真的想要分开，也说明对方缺乏安全感。你应该试着跳出来，站在第三方的角度去看待你们俩的感情。如果你们俩之间的摩擦太多，对方自然就会缺乏安全感。对方之所以提出分手，有时是因为想试探你对这段感情的在乎程度。此时，你需要用实际行动去证明

自己的爱意，给对方应有的安全感。

🌀 时刻巩固两个人的亲密关系

虽然你们俩的感情没有严重的问题，但是你们俩的相处方式一定是存在问题的。除了换位思考以外，你还要学会倾听。有时对方的话语中带有情绪，让人听起来特别刺耳，却代表了他的真实想法。想要巩固两个人的亲密关系，你就不能只按照自己的想法，还要考虑对方的真实诉求。

真性分手后，应该如何修复感情

一旦确定你们俩属于真性分手，你就要引起重视了。毕竟，真性分手后，感情的挽回并没有那么简单。对方提出分手，没有其他的目的，就是想跟你分手，尽快结束这段感情。这样看来，在真性分手以后，你还有挽回感情的可能性吗？

即使是真性分手，挽回感情没有那么容易，这也不代表你没有挽回这段感情的余地。不过，值得注意的是，真性分手的应对策略并不在于修复感情，而在于挽回。挽回的关键点在于重新吸引。对方已经彻底否定并放弃了你们俩的这段感情，即使你使出浑身解数，耗费再多的时间和精力，也多半无济于事。

你强行修复了这段感情。提出过分手的对方会珍惜这段感情吗？就如同儿时的你，起初对那条漂亮的裤子爱不释手，可后来它变旧了，磨损了，还被扯开了一个洞，你便不再喜欢它了，再也不想穿它了，转头就喜欢上了更漂亮、更崭新的裤子。你妈妈将这条裤子的破洞修补好了，并清洗干净。你看着这条裤子，还会像当初那样欣喜若狂，重新喜欢它吗？不会的。因为你已经不喜欢它了，不想珍惜它了。

在真性分手以后，你不要急着修复这段感情，而要尝试着修复两个人的关系。虽然你们俩已经分手了，但是这并不代表你们俩的关系就此断裂，再也没有重新开始的可能。只要你操作得当，就可以重新吸引前任，然后再次开始一段新的感情。

在修复两个人的关系前，你得先消除前任对你的抵触情绪，然后才能重新吸引前任，否则即使你变得再有魅力，前任也不愿意跟你接触。既然对方狠心提出分手，不愿意给你任何解释的机会，就意味着一件事：你的魅力已经不能吸引他了。你需要改变自我，重拾魅力，合理地在对方的面前展示出来，才是重新吸引的前提。

如何真正地改变自我

有的人认为，改变自我的最大意义在于挽回前任，找回曾经的感情。很明显，这并不是一个完全正确的观点。你应该清楚地意识到这一点：即使改变自我，也不一定能挽回前任。

如果你选择挽回前任，就需要降低预期，放平心态，改变认知，意识到自己不改变，一定无法挽回前任。即使你改变了自己，也不一定能回到原来的状态。不过，改变自我的意义之一是让自己变成更优秀的人。提高自己的婚恋价值，这远比挽回一段感情更有意义。那么，我们该如何真正地改变自我呢？

如果我们将婚恋当作一个价值展示的市场，就可以用市场经济的角度去分析：不能满足客户需求的产品，最终会被淘汰。现在，你的目标客户只有一个人，就是你的前任。一起来思考一下：从前的你对他来说很有吸引力，你的婚恋价值跟他的情感需求完全匹配，但为什么现在的你不能让他心动呢？从价值匹配的角度去思考，我总结了两个简单的原因：一是你的婚恋价值降低，已经无法满足他的最低情感需求；二是他的情感需求并不是一成不变的，即使你的婚恋价值有所提升，也依然无法满足他的情感

需求。

回想一下：你是否真的了解前任的情感需求呢？你的前任是否对你说过"我觉得你应该……""也许你可以这样……""其实我真的不太喜欢你这样……"等类似的话语？这些话让人听起来很刺耳，却真实地反映了前任的想法，暴露了前任的情感需求。

一段亲密关系的维持，一般都无法离开以下的几个要素：

①对他人性格的洞察能力；

②对他人内心脆弱程度的了解；

③对他人心理状态的了解程度；

④对他人情感诉求的满足程度。

如果你想跟前任重新开始一段亲密关系，就要以"需求"为核心，时刻围绕着以上四点，真正地做出改变。

第三篇

婚姻修复篇

第一节
如何预防婚姻危机

在婚前，两个人相处得还不错，怎么一结婚，就开始时不时地爆发冲突，甚至愈演愈烈呢？如果夫妻俩能理性地分析和处理矛盾，那么争吵并不完全是一件坏事。充分暴露问题，解决冲突，可以让夫妻俩之间的矛盾减少。有时，适当的争吵反而是婚姻的润滑剂。然而，如果夫妻俩陷入无休止的争吵之中，没有妥善地解决两个人之间的问题，那么冲突会愈演愈烈——两个人互不相让，甚至上升至肢体冲突、冷战，直至婚姻关系彻底破裂……在现实生活中，我们该怎样做才能避免婚姻关系破裂呢？

男女的思维是存在差异的

处在婚姻中的你应该意识到这一点：男女的思维是存在差异的，这些差异不仅体现在情感方面，还体现在其他方面。一般情况下，男性更容易从宏观角度看待问题，而女性习惯从微观角度看待问题，这就是思维差异的来源。于是，夫妻俩在相处的过程中常会出现以下的情况——

对于妻子格外在意的纪念日，丈夫根本记不住，一点都不在乎。

妻子正在兴致勃勃地分享日常趣事，丈夫却不觉得多么有趣。

对于丈夫的兴趣爱好，妻子根本提不起兴趣，甚至认为那些费钱又费力的兴趣爱好是毫无意义的，还不如把时间和精力放在家庭上。

有时丈夫沉默不语，也许只是想静一静，而妻子非要刨根问底，希望丈夫给自己一个答案。

....

如果你也有类似上面的困惑，就说明你还未能理解男女在思维上的差异。如果你能接受"男女的思维是存在差异的"这一观念，就能理解大部分婚姻问题了。有的人认为：既然两个人选择结婚，就不应该在思维上存在着差异，否则就会引起冲突。世界上不会有两片相同的叶子，更不会有性格、思维、观念等完全一致的两个人。

两个人彼此吸引，选择步入婚姻的殿堂，大多是经过深思熟虑的。一段和谐美满的婚姻，并不需要夫妻俩的性格毫无差异，保持高度一致的思维，真正需要的应该是求同存异。求同存异，找到共同点，保留差异点，并给予对方最大程度的理解，尽量不要让这些差异成为影响婚姻的矛盾点。即使夫妻俩之间存在着思维上的差异，也要彼此理解，争取在第一时间内找到共鸣点。

为什么沟通这么重要

有人说，拒绝沟通才是婚姻生活的终极障碍。如果夫妻俩长期不沟通，积攒的矛盾就会越来越多，这些矛盾最终会将两个人的感情消耗殆尽，导致婚姻关系破裂。如果你想将婚姻生活继续下去，就一定要将话讲清楚，遇到问题后及时地跟爱人沟通。

你不说，我真的不懂

不论你处于何种境地，都要将自己的想法说出来。有的人含蓄内敛，不愿意直接表达自己的想法。有的女性认为："如果他爱我，就要懂我。即使我不说，他也应该明白我的想法。"虽然夫妻俩之间的确存在着默契，但是这并不代表夫妻俩就一定能完全做到心意相通，更不意味着无须沟通就能知晓彼此的想法。你的爱人不会"读心术"。如果你不说，你的爱人或许真的不懂。

发牢骚不能解决任何问题

有想法就说，但这并不意味着你要说一些牢骚话。发牢骚不能解决任何问题。有的女性喜欢发牢骚，但她的爱人或许不是一个合格的倾听者。又有谁愿意听满是负能量的牢骚话呢？牢骚多了，就容易招惹是非。是非多了，就会影响夫妻感情。一个喜欢发牢骚的人，就会像祥林嫂一样，心态越来越不健康，遭人嫌弃。一个喜欢发牢骚的人，全身充满了负能量，不仅不能解决任何问题，还可能让情况变得越来越糟。每当你忍不住朝着自己的爱人发牢骚时，就闭紧自己的嘴巴。如果你觉得有些话憋在心里太难受了，就找朋友吐槽一下。

站在对方的角度去思考问题

站在对方的角度去思考问题，学会有效的沟通，才是解决问题的正确方法。每个人都是独立的个体，有不同的认知水平和思维方式，即使是亲密无间的夫妻，也无法确切地知道彼此的想法。如果我们能够站在对方的角度去思考问题，或许就能找到问题的答案。即使你的爱人做出让你不高兴的事，你也不要让情绪冲昏了自己的头脑，一上来就指责他。你可以先站在自己爱人的角度去思考：他为什么会有这样的行为呢？如果你知晓了行为背后的原因，也许就能理解自己爱人的行为。

如何引导对方去改变

我们每个人都有一些坏习惯，也都有一些不适合婚姻生活的问题。如果夫妻俩只是寄希望于彼此理解，或者干脆睁一只眼闭一只眼，那么夫妻俩之间的问题就会像滚雪球一样，越滚越大，迟早会出现压死骆驼的最后一根稻草。当然，单纯的沟通有时无法达到解决问题的根本目的。互相迁就，彼此退让，做出改变，这才是让两个人的婚姻关系良好发展的前提。如果你想让对方做出改变，为你们俩的婚姻着想，就需要多引导对方。那么，你该如何引导对方改变呢？

充分地表达自己的想法

要学会合理且充分地表达自己的想法。你明明很生气，明明很抵触，明明不高兴，却不表现出来，只在心里生闷气："我好生气，我就是不说，看他啥时候能够意识到。"如果你的爱人有所察觉，问你怎么了，你依旧赌气，选择沉默，那么这样的赌气毫无意义，只会让你的爱人觉得你不可理喻，产生更多的矛盾。

你要学会表达自己的想法，但要避免说出伤人的话，比如"你做得实在太过分了！""你的这个做法真是差劲！""你不觉得你这样做很恶心吗？"……

建议你多一些商量的语气，语气温和，态度平和，可以这样对自己的爱人说："嗯，我觉得你的这个想法不错，同时我觉得还有更合适的做法，你可以试一试。""我觉得你这样做有点儿不合适。你还有更好的做法吗？"……

其实，只要你态度温和，提出的建议中肯，你的爱人就能意识到自己身上存在的问题。

◢ 用你的行动去影响对方

实际上，有时候你需要反思一下：对方的身上存在着一些你不能接受的问题，而你的身上是否也存在着对方不能接受的一些问题呢？对方是否也建议你改变呢？如果对方给你提出意见，你会不会格外地抵触呢？如果你一直都是严于律人，宽于律己，你肯定无法让自己的爱人信服。你需要认识到自己的问题，并采取实际行动，让你的爱人意识到你的态度，被你感染，开始做出改变。

第二节
解决婚姻危机的对策

婚姻危机产生的本质

童话故事里的王子和公主，总是以两个人步入婚姻的那一刻作为故事的结局。因为一旦步入婚姻，两个人的生活就不再是浪漫又美好的童话了，而是远没有恋爱那么美好的现实。现实不一定是残酷的，但一定没有童话那般美好。王子和公主的婚姻生活尚且如此，更别提寻常人了。在结婚前，也许你想象的婚姻生活是琴瑟和鸣，整日逍遥自在。可真正结婚之后，你会发现婚姻生活是柴米油盐，生活琐事。这一前一后的对比，一定会让你产生落差感。这种落差感很容易让人们对婚姻生活失去信心。

虽然恋爱关系容易动摇，但是婚姻关系一般是相对牢固的，毕竟婚姻关系是受法律保护的契约关系。大部分的夫妻能在思想层面上有所转变，接受这种落差感。婚姻之所以出现危机，主要还是因为男女之间的思维差异。当然，男女之间的思维差异在两个人刚开始谈恋爱的时候就存在，只不过处在热恋期的两个人，彼此都处于"只缘身在此山中"的状态，忽略了这种思维上的差异。即使夫妻俩都意识到了这种思维上的差异，也很少去主动改变现状。这不是一种得过且过的心态，而是此时的夫妻俩正生活在幸福的蜜罐里，没有人愿意从中跳出来。

男性不懂得女性是怎么想的：

"她怎么总是在生气？我说她变胖了，说她这件衣服不漂亮，这些都是实话啊！"

"为什么她这么喜欢逛街啊？"

"她怎么还记得那么久远的事呢？"

女性也不知道男性在想什么：

"为什么上一秒他还在和我吵架，下一秒他就去玩游戏了？"

"为什么他在外面时就侃侃而谈，在家时就想静一静，对谁都爱答不理的？"

"我劝他不要喝酒、不要抽烟，明明都是为他好，为什么他要生气呢？"

婚姻，除了会缩短两个人之间的距离以外，还会放大两个人之间的思维差异。毕竟处在恋爱期的男女，不用时时刻刻地待在一起，即使有点小摩擦、小矛盾，双方稍微冷静几天，保持一定的距离，一般就会和好如初。而处于婚姻中的两个人，面临的可不仅是感情的事，还有无法绕开的生活琐事，比如赡养老人，抚养孩子，处理人际关系，等等。这些生活琐事会暴露夫妻俩的思维差异，让夫妻俩产生分歧。在遇到分歧后，夫妻俩起初会各让一步。随着分歧的增多，如果夫妻俩都不想让步，就会爆发争吵。争吵之后，整日生活在一起的夫妻俩，很难通过保持一定距离的方式让双方的情绪得到缓和。如果夫妻俩不沟通，不妥协，不退步，就会让两个人的婚姻产生危机。

如何妥善地解决婚姻危机

不抱怨自己的爱人

在婚姻生活中，有的人常常抱怨自己的爱人。抱怨的原因很简单，就

是预期和现实存在着差异。差异越大，抱怨就越多。在没有结婚前，我们常常对婚姻抱有期望，而这个期望就是我们所希望的婚姻状态。一般情况下，我们所希望的婚姻状态是偏理想的。当然，任何一段婚姻都不是完美的，夫妻双方也很难做到尽善尽美。一段美好的婚姻背后，夫妻俩一定经过了很多次的磨合。夫妻俩需要用相濡以沫的态度，朝着一个共同的目标，彼此理解和包容，坚定信念，勇往直前，让婚姻生活逐渐朝着自己所期待的方向发展。

抱怨无益于你的婚姻，即使你的抱怨都是自己真实的想法。你抱怨的目的是想让你的爱人了解你的需求，引起他的重视。然而，你是否站在自己爱人的角度思考过？在外工作一天的爱人，拖着疲惫的身体回到家中，想要放松一下自己的身心，却听到了你的抱怨，他会从你的抱怨里听到你的需求吗？当然不会。

不苛责自己的爱人

在你发现理想的婚姻和现实的婚姻存在差距后，你很可能会生出一种不适应感。人都有趋利避害的本能，一旦发现自己的婚姻生活并不如原先设想的那样，就会开始寻找原因。在一番寻找之后，你就把这个原因归结在自己爱人的身上，好似找到了婚姻生活不理想的根本原因，整日督促自己的爱人改正缺点。但爱人身上的这些缺点并不是婚姻生活不理想的根本原因。如果你不能意识到这一点，就容易让自己的婚姻陷入危机。如果你的爱人能够改正自己的缺点，你们俩的感情可能会变得更好。归根到底，让婚姻陷入危机的根本原因是夫妻俩还未磨合到位，夫妻俩在思维上依旧存在着很大的差异。

如果你过分地苛责自己的爱人，只会让你们俩陷入无休止的争吵之中，这不仅不能让你们俩的婚姻生活变得更美好，还会让矛盾激化。如果你和自己爱人的思维差异过大，你不妨先尝试着改变自己。你可以尝试站在自己爱人的角度去思考问题，看看自己在某件事情的处理上会有和他一样的态度吗。如果理解增多了，苛责就会变少，两个人的婚姻生活也会越来越好。

🍂 解决婚姻生活中的分歧

男女双方在相处之初，就存在着思维上的差异，只不过矛盾尚未被激化，暂时没有引起重视。可结婚以后，男女思维上的差异终归会让双方产生许多分歧。分歧是婚姻生活中不可避免的一部分，而如何解决分歧是我们需要学习的内容。在遇到分歧后，夫妻双方都应该先冷静下来，不要让不良情绪控制自己的大脑。

夫妻双方可以坐在一起，坦诚沟通，寻找分歧产生的原因。在沟通的过程中，一方不能打断另一方，不能用语言攻击另一方，不能用命令式的语气呵斥另一方，不能说"你这样做不对，以后你不能这么做！""你以后不能再抽烟了，我受不了烟味！""你不能这样和我说话！"之类的话。这些话是不是显得过于生硬，让人难以接受呢？你不妨换一种语气说话，比如说："亲爱的，我觉得这样做可能会更好。""你这样做没有什么大问题，我觉得还有更好的办法。""我不会强迫你戒烟。但你有没有想过这个烟味会影响我们孩子的身体健康呢？"过一段时间以后，你再观察一下：你们俩之间的分歧是不是少了很多？

第三节
如何应对婚外情

如果你发现自己的爱人出轨了，是选择结束这段婚姻，还是选择默默忍受呢?

做好离婚的准备

如果你发现自己的爱人出轨了，依然选择原谅他，挽救婚姻，那请你不要抱有很高的期待。因为如果你一开始就把结果想得太完美，但凡在实际执行过程中遇到一丁点问题，你就一定会有很强的挫败感。即使你选择接受事实，选择挽救自己的婚姻，也要在一开始就做好离婚的准备。两个人之间的感情是不能勉强的，永远都不是一厢情愿的事。即使你选择原谅自己的爱人，也不代表他就会被你的大度感动，选择回归家庭。

在你表明自己的立场，或者在你挑明他出轨的事实后，他甚至会得寸进尺地对你说:"我要跟你离婚。"面对这样的情况，你的应对之策直接决定着事情接下来的走向。如果你的态度瞬间软弱下来，对方的气焰可能会更加嚣张，他觉得自己可以用离婚这件事要挟你，然后继续出轨。如果你已经做好了离婚的心理准备，就表现出自己强势的态度，回复对方:"当然可以，我又不是婚姻的过错方，我不害怕离婚。"面对你的强势态度，对方还会用离婚这件事要挟你，逼迫你妥协吗? 在心态上，你一定要做好离婚的准备，否则你将很难应对接下来的一切。

表明自己的态度

面对对方出轨的事实，你不能有丝毫软弱或退缩的表现，一上来就要挑明他出轨的事实，直接表明自己的立场，明确自己的底线——不接受婚外情。你只有表明态度，才能让对方清晰地意识到：你没有他想象的那样软弱。

如果你选择妥协，当作一切都没有发生，仅仅希望对方回归家庭，这可能吗？对方之所以选择婚外情，是因为他在潜意识里认为出轨的利大于弊。你的摊牌，强硬的态度，不拖泥带水的选择，就是在向对方证明：抛弃婚姻，选择婚外情，没有他想象的那样简单，弊远大于利，他是不会有好结果的。你只有转变对方的观念，让他真正地意识到问题的严峻程度，才能真正地挽救你们俩的婚姻。

面对对方出轨的事实，你的妥协和忍让，换来的可能是对方的得寸进尺。即使你的宽容让对方愧疚不堪，暂时意识到自己的错误，选择回归家庭，也不能确保他从此洁身自好。如果对方没有因为出轨付出代价，就像针未扎到他的身上，他没有感受到疼痛，痛的是你，他又怎么可能会意识到问题的严重程度呢？有的人虽然被抓到出轨，但是因为没有付出多少代价，下次照样会控制不住自己，极有可能走上习惯性出轨的道路。

让对方做最终的选择

做好离婚的准备，表明自己的态度，这一切都是铺垫。做足铺垫以后，你要直面现实，解决婚姻的问题。如果你想要解决婚姻的问题，就需要让自己的支持者参与进来。如果你是一个人孤军奋战，只会让自己劳累不堪，

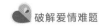

最终得不到自己想要的结果。如果你整日都在自怨自艾或患得患失中度过，只会让婚姻的裂痕愈来愈大，根本无益于解决问题，反而还会让对方有一种自己能在三角关系中活得游刃有余的错觉。

你需要找一个合适的时间，用强硬的姿态、平和的语气跟对方说："你该做出选择了。如果你选择婚姻，就要彻底结束婚外情，不能再偷偷摸摸地联系，不能藕断丝连；如果你选择婚外情，就要接受必须离婚的事实。"当然，你需要让对方意识到：你最终的目的是挽救婚姻，希望他做出选择。如果对方选择你，就要意识到自己的错误，彻底割舍婚外情；如果对方选择婚外情，就要接受必须离婚的事实。你需要将利害关系摆在台面上，让对方清晰地意识到自己的错误，彻底断了搞婚外情的念想。

第四篇

修复心理和预期

第一节
复合期的心态建设

虽然两个人看似已经向彼此靠拢，但是这并不意味着两个人成功复合了。实际上，有不少人在复合的这条路上摔倒。在选择复合以后，你会遇到很多的阻挠。不论是在挽回初期，还是在重新吸引期间，再到成功复合以后，你的心态都是很重要的。你该怎样保持良好的心态呢？

不宜过早地暴露自己的需求

在重新吸引前任的过程中，你要时刻关注自己的状态，不宜过早地暴露自己的需求。在挽回初期，前任对你还存在着抵触情绪。如果你过早地暴露自己的复合意图，前任就可能会再次感受到压力，对你产生更多的抵触情绪。在挽回中期，虽然前任已经放下对你的成见，对你没有太多的抵触情绪了，但是尚处在观察你的阶段。即使你和前任已经进入暧昧期，前任对你的态度明显好转，重新被你吸引，也不代表你此时就可以暴露自己的复合意图。你不要对前任过度热情，也不要让前任觉得你非他不可。

建立适合的框架

挽回前任的基础就是打造更适合自己的全新印象和框架。你可以通过

自我改变、自我价值的提升来给他人留下新的印象。而框架就是你的行事准则。在自我心态的建设上，你要恪守自己的行事准则。看似这些东西与挽回前任无关，而实际上，你有原则，有态度，才能让自己的形象更立体。如果你有自己的生活圈子，有自己的行事准则，就会让自己更独立。重新吸引前任的最终目的是开始一段新的感情，让两个人再次回到相恋的状态。建立适合的框架，意味着你有足够的底气，有自己的爱情底线。爱情，除了忍让和迁就以外，还要有底线。

避免托付心态

什么是托付心态呢？每个正常的成年人都应该有自己照顾自己的能力。而一些有托付心态的人，喜欢把自己托付给别人，让别人来照顾自己的生活。一个人的能力总是有限的，在照顾自己的同时，还要照顾另外一个人，一天两天可以，时间长了以后，他会不会觉得太累呢？

一个托付心态重的人，很容易在恋爱的过程中降低自己的价值，丧失自己的魅力。一个托付心态重的人，在恋爱的过程中，很容易给对方一种非他不可的错觉，这种错觉会让对方自我膨胀。

男女双方之所以走到一起，一定是因为相互吸引。当你的吸引力不足以吸引对方的时候，就是你们俩的感情走向终点的时候。如果你能成功吸引到对方，就意味着你有能力拥有一段美好的爱情。在恋爱的过程中，你不用放低姿态讨好对方，要独立且自信地经营自己的感情，杜绝托付心态。

第二节
防止复合后再次分手

即使复合，也并不意味着你们俩的感情自此稳定，复合后再次分手的也大有人在。虽然人不可能踏入同一条河流，但是容易在同一个地方摔倒。即使你不愿意接受，也不得不面对这样的现实：你费尽心思挽回的人，再一次离开了你，你再次被分手。你有没有想过：为什么你拼尽全力挽救的感情，再次回到了原点呢？你该怎样做才能防止复合后再次分手呢？

复合后再次分手的原因

习惯性分手

也许这不是你们俩第一次复合后再分手。也许你们俩一争吵，其中一人就会提出分手。冷战一段时间以后，你们俩又重新走到了一起。在反复分手中，其中一方无法继续忍受这样的感情状态，选择彻底结束两个人的感情。和习惯性分手的人建立的亲密情感，并不是太牢固。这样的两个人即使能够复合，也会习惯性分手，因为两个人的爱情观还是不够成熟。在遇到问题时，强势的一方只会用分手的方式去逼迫另一方妥协，而弱势的另一方，要么接受分手，要么表现得更弱势，可这终归不是解决问题的办法。一段正常的感情应当是建立在相互平等的基础上的。两个人分分合合，

就像过家家一样，两个人之间的感情终究是不成熟的。

排遣寂寞型复合

在一般情况下，如果你们俩是真性分手，想要复合，就需要一定的时间。如果你们俩不是假性分手，从分手到复合，并没有花费太多的精力和时间，那有可能是因为你们俩恰巧都处在寂寞期，不想一个人单着，就重新走到了一起。虽然这种排遣寂寞型复合让两个人排遣了寂寞，但是没有解决两个人之间的矛盾。如果两个人之间的摩擦不断，矛盾再次被激化，就有可能再次分手。

不停地翻旧账

也许你费尽心思，通过百般努力，提升了自我价值，重新吸引到前任，可这并不代表你们俩的感情就会长期稳定。复合以后，除了会向对方诉说自己的思念之情以外，有的人还错误地将"回忆过去"和"念旧"画上等号。也许你忽略了这一点：你们俩有过美好的过去，也有过不愉快的回忆，正是那些不愉快的回忆，如同麦芒般尖锐刺眼。如果你在回忆过去时，突然话题一转，走上"翻旧账"的道路，就可能会导致你们俩再次产生争执，最终走到再次分手的地步。

没有解决根本矛盾

虽然你们俩谁都不愿意回忆过去，但是你们俩终归有一段不愉快的感情。这段不愉快的感情背后是没有解决的矛盾。在断联一段时间后，彼此间的怨气和不满都已经减少了很多。同时，你通过自我改变，用一个全新的形象吸引到对方，你们俩重新走到了一起。这些都是常规的复合操作。你有没有意识到这些都是复合的技巧，并没有真正地解决两个人之间的矛盾呢？你们俩之间依旧存在着矛盾，只不过暂时被复合后的新鲜感压制住了。两个人分手以后，距离产生美，可复合就意味着两个人之间的距离被缩短，两个人之间的矛盾就会被突显出来。如果男女双方还是像以前一样，谁都不愿意出面解决问题，那么两个人之间的亲密关系会再次降到冰点。

复合后，如何避免再次分手

❤ 不要翻旧账

经历过分手以后，两个人的心上都留下了一道伤疤，或浅或深。而这道伤疤的深浅，完全取决于男女双方。如果谁都不去触碰那些曾经的不愉快，彻底忘记一切糟糕的回忆，享受当下，那自然是一种非常明智的选择。如果男女双方出现摩擦或争执，就需要专注地解决当下的矛盾，不要不停地翻旧账，也不要互相指责。如果男女双方就事论事，积极地解决当下的问题，妥善地处理两个人之间的矛盾，就不会在同一个地方摔倒。

❤ 修复关系

复合并非终点，而是一段全新感情的起点。我们应当意识到：只要两个人在一起，就会存在各种摩擦，出现各种矛盾。即使两个人已经和好，也并不意味着两个人的矛盾已经得到妥善解决。对方愿意重新和你走到一起，只代表你们俩之间的矛盾暂时得到缓和。

既然你们俩选择重新走到一起，就要从长远的角度考虑，努力修复关系。在复合的道路上，你不断地改变，突破自我。即使你们俩重新走到一起，你也不要停下改变的脚步。在相处的过程中，你们俩一定会面临各种各样的问题。你除了积极地纠正你们俩的情感偏差以外，还要时刻地反思自己，发现自身的问题，多和对方沟通，多意识到对方的情感需求。实际上，维系情感的难度是相当高的，远超于重新吸引的难度。如果你不多花点心思去维护这段感情，你们俩就很容易产生争执。

❤ 自我提升

经历了分分合合以后，你们俩终究重新走到了一起，这就证明你的身

上拥有吸引对方的特质。既然已经复合，你就要忘掉之前分手的不愉快。在相处的过程中，你要时刻保持警惕，避免曾经的错误再次发生。同时，你也要时刻关注自我的提升。在相处的过程中，你要不断地提升自我价值，提高自己的魅力，以便牢牢地吸引对方。

再次分手后，应该如何处理

不要急于挽回

经历了分手，复合，再次分手，你或许无法接受这样的现实。但至少经历了一次分手，你的内心已经变得相对成熟了。再次分手后，你应该不至于非常难过，陷入长期的焦虑中。再次分手，意味着两个人复合的时机还不是特别成熟。再次失恋以后，你要让自己快速地从失恋的痛苦中走出来。你只有重新振作起来，才能思考接下来的路。当然，在足够冷静之后，你不要急于挽回对方。

解决根本矛盾

再次分手，一定意味着你们俩之间依旧存在着鸿沟，即使重新走到一起，也依然不能跨越这道鸿沟。你们俩之间的隔阂越来越深。你们俩之所以产生隔阂，很可能是因为那些迟迟未能解决的矛盾。在同一个地方再次摔倒，你不妨先爬起来，拍一拍自己身上的尘土，想一想："为什么我总在这个地方摔跤？下次我该如何避免呢？"当然，如果你想要解决再次分手的难题，就要积极地寻找并解决根本矛盾。你只有积极地解决根本矛盾，才能让你们俩真正做到和好如初。既然分手已经是事实，你就应该理智地面对，把分手当作一次自我反思和成长的机会。你可以将这个空窗期当作一个宝贵的沉淀期，努力地提升自我。

第三节
如何走出失恋的痛苦

当我们爱上一个人的时候，我们肯定希望自己能跟那个人一起相爱到永远。然而，有些人难免会因为这样的或者那样的原因，不得不跟对方说再见。有的人可以很快地从失恋的阴影中走出来，重新拥抱生活，但有的人始终无法忘怀，总是深陷在失恋的痛苦中。分手以后，你该如何快速地摆脱失恋的痛苦呢？

既然你想要摆脱失恋的痛苦，就得先知道失恋为什么会让人痛苦呢。我总结了两个原因。一个原因是失恋后的情感缺失。你本来可以挽着另一个人逛街、散步、吃饭，享受爱情带来的小确幸。然而分手以后，情感上的这种缺失就会像戒烟时的烟瘾一样，让人因为渴求而变得心理脆弱，具体表现为情绪低迷，行为容易失控。另一个原因是失恋对一个人自尊心和自信心的打击。无论一个人是不是"玻璃心"，失恋都会让他产生负面的想法："是不是我不够漂亮？""是不是我不够有魅力？""是不是我配不上他？""是不是我哪里做得不好？"总之，失恋会让人思念成瘾、情绪低迷、行为失控、自我怀疑。针对失恋引发的痛苦，我们该如何应对呢？

思念成瘾，怎么办

针对思念成瘾，我们的对策就是对自己狠一点，强制自己独处。这种

独处不是不见人，而是你该工作的时候工作，该学习的时候学习，该吃饭的时候吃饭，该聚餐的时候聚餐。在完成了这些事情之后，你可以让自己一个人静静地待一会儿。思念之所以会成瘾，是因为人们对亲密关系的渴求，只是每个人的程度和表现形式不同而已。我们可以通过独处克制自己对亲密关系的渴求，恢复单身时的需求状态。

情绪低迷，怎么办

对于这个问题，我给你的应对之策是继续保持情绪低迷。这个对策让人觉得有点奇怪。面对失恋的你，我不是应该劝你不要再伤心了，不要再难过了，不要再哭了吗？失恋以后，情绪低迷是一种非常正常的情绪状态。我们为什么要阻止这种正常的情绪反应呢？想办法让失恋的人强行开心，这是不对的。对于这个情绪低迷期，我们不应该尝试对抗它。有时，你越是抗拒这种情绪状态，越是暗示自己不要伤心难过，越容易情绪低迷。所以在失恋以后，你不要试图压抑或逃避自己的情绪，要学会接受低迷的情绪状态，允许自己伤心、难过、不开心。如此一来，你反而容易从低迷的情绪状态中走出来。

情绪失控，怎么办

失恋以后，情绪失控也是一种正常的反应。毕竟一段亲密关系因为某些原因而结束了，人们肯定会有情绪上的反应，只是每个人的情绪反应程度不同而已。如果你想要避免激烈的情绪反应，就需要学会放下，让自己的内心回归平静。你可以强迫自己每天必须做一些事情，比如下班之后喝一杯咖啡或者一杯果茶，给自己做一顿美味健康的晚餐，睡前看一集电视剧，等等。这些事情一般是你平常不一定做，但做起来又没什么难度的。

你千万不要跟自己过不去，要做自己喜欢的事情。完成这些事情以后，你就会慢慢地恢复对情绪的控制。

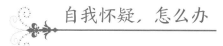

自我怀疑，怎么办

失恋以后，大部分人会怀疑自己缺乏魅力，否定自我的能力，陷入自我怀疑的怪圈。其实，自我怀疑是一种自我保护机制，它能防止我们再次受到伤害。然而，过度的自我怀疑会让人们丧失自信心，增强自卑感，进而影响工作和学习。因此，失恋以后，我们可以适度地怀疑自己，客观地看待自己的优点和缺点，既不能盲目地自大，也不要过度地自卑。有时，我们也可以寻求他人的帮助，通过他人的鼓励重建自信心，减少自我怀疑，提高自我价值感。

最后，可能有人会问我：该如何放下前任呢？如果你按照上文的方法，摆脱了失恋的痛苦，你自然就放下前任了。你可能不会忘记前任，但也不会再因为前任的一举一动而折磨自己。你要相信自己一定可以走出失恋的痛苦。不必遗憾，在人生的路上，有的错过是为了更好的遇见。也许幸福会迟到，但是幸福不会在你的生命中缺席。

第五篇

情感心理学入门篇

第一节
如何克服不安感

在和自己爱人相处的过程中，你是否经常觉得没有安全感呢？比如你总希望你的爱人能无时无刻地陪伴你。你的爱人只是因为工作太忙，没能在第一时间内回复你的消息，你就开始胡思乱想，瞬间慌乱，感觉很无助。你正在和自己的爱人用聊天软件聊天，而他很长时间没有回复你的消息，你就不停地发消息、打电话，最后发现他临时有事，没有拿手机。在你和自己的爱人吵完架后，他突然不理你了，或者干脆对你冷处理，你只能乖乖地求和，去哄他，说一切都是你自己的错……这些都是你没有安全感的表现。

在一段亲密关系中，如果你总是无比焦虑，总是担心对方不高兴，害怕对方突然对你不理不睬，担心对方没有将全部心思都放在你的身上，就是一种没有安全感的表现。为什么你总是没有安全感呢？为什么你会有那么强烈的不安情绪呢？为什么你不能好好地享受当下呢？我想，你一定希望自己摆脱这种不安感吧。在一段亲密关系中，你该如何克服这种不安感呢？

为什么你会有那么多的不安感呢？原因就在你自己的身上。你将自己的关注点都聚焦在了对方的身上，误以为爱情就是自己生活的全部。有的女性在恋爱以前，自己的生活是丰富多彩的，不但有自己生活的圈子，还有自己的兴趣爱好。可是，在恋爱之后，有的女性错把爱情当作了生活的

全部，将自己的关注点全部放在了这段亲密关系上，这就很容易导致自己在这段亲密关系中失衡。

虽然爱情是一件很美好的事，但是它并不是生活的全部，我们不能将自己所有的时间和精力都放在爱情上，就像我们不能用一条腿跑步，也不能将鸡蛋都放在同一个篮子里一样。即使对方真的很靠谱，你也不能将自己的人生全盘托付给对方。如果你将自己的情感需求全部寄托在对方的身上，就相当于你将自己人生的主动权都交给了对方。如此一来，你就完全失去了自我，没有了人生的方向，导致自己变得敏感又脆弱，时刻都在担心自己失去对方。因为你害怕失去对方，所以在跟对方产生矛盾后，你会刻意地降低姿态，不断地讨好对方。如果对方因为忙碌，没有及时回复你的电话或信息，你就会误解对方冷落你，开始疯狂地联系对方。

有的人会将对方的一言一行都放大，担心自己这里不好或那里不好，惹对方生气。如果你陷入这种焦虑之中，就意味着你丧失了安全感。其实，我们每个人都有照顾自己的能力，也都有满足自己生活需求的能力。回想一下：在没有谈恋爱之前，你是否会感到孤独？你是否会感到快乐？没有谈恋爱的你会感受到快乐，也不会感到孤独，更不至于像一个小孩子一样，总是需要他人哄着、陪着。处在恋爱中的你感受到了爱情的美好，沉迷于恋人的付出，开始有一种错觉，觉得恋人对自己的照顾是理所应当的，于是产生了托付心理。

当然，每个人在谈恋爱的时候，都希望自己能和对方长久地在一起。有的人一旦开始谈恋爱，就会像小孩一样，需要对方时刻哄着自己。一段健康的亲密关系，不是亲密无间的，而应该是"亲密有间"的。即使你再依赖对方，也要给对方留出一定的空间。

如果自己的恋人不在自己的身边，有的人就会非常焦虑，容易胡思乱想：

"哎呀，如果没有他，我该怎么办呀？"

"没有他在我身边陪着，我根本活不下去呀！"

这是一种什么心理呢？这就是我们常说的巨婴心理。有哪个人愿意和一个巨婴谈恋爱呢？那么，在一段亲密关系中，为什么有的人会出现这种巨婴心理呢？从表面上看，这是因为他们缺乏安全感，异常焦虑。更深层次的原因是他们的内心里有一个卑微的自我，装着一个讨好型人格的自己。因为卑微，所以他们的内心不够强大。因为他们是讨好型人格，所以在遇到问题时，他们根本不考虑是谁的问题，也不会去想怎么解决问题，只会想如何哄对方。

当然，他们之所以卑微，还可能是因为他们受到原生家庭的影响，没有足够的自信，没有足够的底气，内心异常空虚。他们一旦和对方开始一段亲密关系，就将对方当作自己的救命稻草，希望用爱情填补自己内心的空洞，弥补原生家庭带来的缺憾。如此一来，他们变得更加不自信，更加缺乏安全感。

如果在一段亲密关系中，一个人总是没有自信，缺乏安全感，该怎么办呢？其实前文已经给出了答案：一段健康的亲密关系，一定是"亲密有间"的。没错，你要和自己的伴侣保持一定的距离，这是增强安全感的一种方式。虽然你和自己的伴侣过的是二人世界，但是在二人世界之外，你还有其他的世界。如果你总是沉浸在二人世界中，忽略了二人世界之外的一切，就容易忽视自我经营。所以我们一定要记住，享受美好的爱情是没错的，但不要将爱情当作自己的全部，也不要将所有的时间和精力都放在爱情上。如果你将自己的一部分精力用在读书、健身、化妆、旅游上，你就有机会变成一个更优秀的人。当你变得足够优秀时，你就会发现你们俩的亲密关系质量是很高的。

人，才是爱情真正的核心。经营好爱情的方式之一就是先将自己经营

好。如果你在一段亲密关系中总感觉不到安全感，就暂时停下来反思一下：是不是你将自己所有的心思都放在了这段亲密关系上？如果你真的没有安全感，不妨先尝试着充实自己，回归自己的社交圈子，多花一些心思在自己的身上，可以报一些兴趣培训班，看一些艺术展，多做一些自己感兴趣的事情。当你从巨婴的状态脱离，重新变成一个独立的成年人时，你的不安感就会减少。

如果你在爱情中缺乏安全感，就应当反思一下原因：到底是因为对方做得不够好，还是因为自己的要求太高？如果是因为自己的要求太高，那你很可能受到了原生家庭的影响。你的应对之策应当是摆脱原生家庭的影响，而不是在自己爱人的身上寻找安全感。不要过分地苛责自己的爱人，更不要为难自己，不要总是疑神疑鬼，要学会享受爱情的美好。

第二节
如何缓解焦虑的情绪

有的人说："我们俩刚在一起的时候，我总是怀疑他到底是不是真的爱我，是不是真的想和我在一起，是不是逢场作戏。""我们俩已经谈了一段时间恋爱了。我现在总觉得他没有以前那么关心我了。我发给他的消息，他也不会及时回复了。他是不是没有那么爱我了呢？""他总对我说他现在很忙，对我很冷淡。他是真的忙，还是不想理我呢？"这些话反映了陷入爱情中的人们的焦虑情绪。在一段亲密关系中，你是否也出现过焦虑的情绪呢？

身处于爱情中的男女们，除了会享受爱情的美好以外，还时常会胡思乱想，惴惴不安。我认识的一个女性朋友，她终于和自己喜欢了很久的男生走到一起。起初，她感觉自己很幸福，可是没过多久，她的内心就被焦虑的情绪占领。她之所以焦虑，是因为她觉得自己配不上男友，觉得自己的男友比自己优秀太多。她认为，自己的男友之所以答应和她在一起，可能只是因为他不懂得拒绝。

在那段时间里，我的这个朋友满脑袋里都是这样的想法：男友这么好，自己怎么配得上他？他的身边有那么多的美女，他们之间的关系真的好暧昧啊！最近他加班的频率越来越高了，回家的时间越来越晚了，她独自一人在家，感觉好孤单。她的这种焦虑情绪源于她自己的自卑心理，她总是觉得自己配不上男友，没有自信，总是感觉自己不够好。她总是在想："我

凭什么能够得到他的喜欢呢？如果出现了情敌，我该怎么办呢？我怎么能够相信他是真的爱我呢？"

如果一个人经常处于自我怀疑中，总是带着自我否定的焦虑心态，那么他能维持好一段亲密关系吗？应该很难吧。那么我们该如何缓解自己的焦虑呢？在回答这个问题前，我们先来讨论一下：在亲密关系中，为什么人们会出现焦虑的情绪呢？可能是因为人们对这段亲密关系有一些不合理的想法，比如两个人在一起后一定要幸福，一定要白头偕老，两个人的感情不能出现任何问题……这些想法给恋爱中的人们带来了很多的困扰。

我们希望自己此生只爱一个人，永远都不和这个人分开。现实情况真的会如我们所愿吗？如果你体会到了理想和现实的落差，你就可能会变得很焦虑。身处恋爱中的人们，应当清醒地认识到，没有一段感情会是一帆风顺的，也没有一段亲密关系是波澜不惊的。如果你不能意识到这一点，始终认为自己的爱情应当是美好的，没有任何瑕疵的，就会受到很多现实的打击。

你越觉得自己的感情不应该出问题，越担忧尚未出现的问题，就越难做到从容应对。如果你能允许自己的爱情经历坎坷和波折，就能坦然接受一些爱情的小问题。即使有一天你和自己的爱人面临分手，你也可以从容、淡定地面对。一段正常的亲密关系，应该是建立在双方平等的基础上的。如果男女双方势均力敌，那么两个人就都有足够的底气去面对情感问题。

如果你有底气，有自信，就意味着你拥有掌控亲密关系的能力，能够从容地应对感情问题。如果你没有底气，不够自信，认为自己没有能力去掌控爱情，总是担心被分手的话，那么你的内心深处存在着自卑的情绪，这些自卑的情绪让你感到焦虑。

你之所以害怕失败，是因为自己的期望太大。往往是期望越大，压力就会越大。重压之下，你就无法接受失败的可能性，就会有一些不切实际的想法。如果你总是习惯性地将问题往严重的方面想，就容易将问题扩大化。很多时候，问题并不大，只是你将它想得太严重了。

我们可以假设这样一个场景：你的男朋友或老公出去应酬，回来得很晚。在等待他回家的过程中，你会怎么想呢？你可能会胡思乱想："他怎么这么晚还不回家，是不是去见别的女人了？他是不是去酒吧玩了？他是不是对我有什么不满意的地方？他是不是没有那么爱我了？……"你开始担心，甚至不停地给他打电话。如果你打电话，他依旧不接，你会不会变得更加焦虑，不停地给他打电话呢？或许他真的在应酬，真的在陪客户喝酒。他没接你电话的原因是手机在外套口袋里，而外套被挂在了衣架上。你打电话的时候，正巧是他陪客户喝得起劲的时候，他没有听到手机响。但你还是很焦虑，等他回家之后，不停地追问他不接电话的原因。在这种情况下，他肯定会反感你，抵触你，因为他觉得自己明明在外面辛苦打拼，可你根本不信任他。即使你表达的是爱，也是一种畸形的爱。

我们一定要正确地看待问题。对方之所以不接你的电话，可能是因为他有事情在忙，没有看到你的来电，并不是因为他对你不满意或者不爱你了。所以，在亲密关系中，你最好不要随意地揣测对方，否则打败你的不是别人，而是你自己。那么，我们该如何缓解自己的焦虑呢？

提高自信心

如果你焦虑的原因是你自己不够自信，那么你就应该提高自信心。如果你还没有清楚地知道对方对你的爱有多深，你就主动引导对方说出对你的爱。如果你能确切地知道对方的爱意，你就会减少焦虑。有的人会将自己的爱意藏在心里，不擅长说"我想你""我爱你""我喜欢你"之类的甜言蜜语，喜欢默默地为对方付出。在遇到这样的恋人时，你要学会引导他主动地表达自己的爱意。想要做到这一步，你需要静下心来，思考以下两个问题：

①你擅长什么？

②他期待什么？

这两个问题的答案，就是你的突破点。如果你擅长做饭，就多在厨艺上下功夫。想要抓住一个人的心，就先抓住一个人的胃。如果你擅长倾听，就试着站在对方的角度理解他，与他共情，满足他的合理需求。同时，你还要提升自己的情商：在对方开心的时候，陪他一起开心；在对方难受的时候，给予他耐心的陪伴，疏导他的不良情绪。总之，你需要在自己擅长的领域里找到自己的存在感，提高自信心。

不要胡思乱想

有的人一旦遇到一个不确认的场景，就开始焦虑。人们在焦虑的时候会想到哪些事情呢？有的人一想到对方比自己优秀，就觉得自己和对方的关系可能不稳定，格外焦虑，时刻都在担心自己被分手，担心对方被其他优秀的人追走。你的老公出去应酬，没有在第一时间内回复你的消息，你就开始胡思乱想，担心老公可能会做一些出格的事情……

一个容易焦虑的人，往往会将爱情和未来都想得太美好，喜欢钻死胡同，总觉得自己的感情不应该出任何问题。只要自己的感情稍微出现一点异常的情况，这类人就容易变得焦躁不安。这类人一定要转变自己的认知，调整好自己的情绪。我们可以将"执子之手，与子偕老"当作美好的期盼，但是不能将它当作唯一的奋斗目标。

我们还要做好最坏的打算。对于那些不可避免的、不可控的、无能为力的事情，我们要尝试着去接受，而不是充满焦虑。我常常提到这个公式：满意度＝结果－期望值。根据这个公式，我们可以得知：在结果一致的前提下，降低期望值，就会增加满意度。我们在用心去爱对方的同时，要做好最坏的打算，毕竟在爱情中，有很多不可控的因素。如果我们将爱情的期望值设立得太高，又怎么可能会有更高的满意度呢?

不要过度地揣测他人

　　不要将问题扩大化，也不要做无端的揣测，要就事论事。有时你的揣测会放大自己的焦虑，让自己越来越崩溃。你越焦虑，思维就会变得越混乱。如果你的思想变得越来越偏激，你就越会无端地揣测对方。两个人在相处的过程中，要争取做到互相信任。如果你没有抓到对方出轨的证据，没有看到对方的聊天记录、转账记录等，你就不要先怀疑对方。互相信任能够让亲密关系变得更好，无端的猜忌会让亲密关系变得更糟。

　　你的爱人出去应酬，比平日里回来得晚，你表达自己的担心之情，这是一件很正常的事。但如果你总是像审嫌疑犯似的审问对方的行程，就会引起对方的反感。这个时候，有的人可能会说:"我真的很想信任他，但我就是做不到，我就想查岗，我就想知道他在干什么，否则我就会胡思乱想。"其实，我们可以引导对方，让他主动去说自己的情况，避免过度担心、过度焦虑。

　　面对你打电话，对方不接电话的情况，你可以这样对他说:"刚才我给你打电话，你没接，我很担心。你这样应酬，太辛苦了。我怕你喝醉了，怕你在外面没人照顾，所以我希望你随时跟我说一下你的情况，好让我放心。"你需要合理地表达自己的关心之情，让对方意识到，你不是在查岗，也不是担心他出去乱搞，而是真的担心他。

第三节
如何克服自卑的情绪

也许你曾经喜欢一个人，喜欢了很长的时间。但你总觉得自己不够优秀，认为自己各方面都不如他。你不敢向他表达自己的爱意，你害怕他会毫不留情地拒绝你。于是你只能将这段感情藏在心底，变成苦涩的暗恋。也许你正沉浸在美好的爱情中，但你越是感受到爱人的好，越有一种不自信的感觉。到底是什么原因呢？原因很可能是你产生了自卑的情绪，觉得自己配不上他，担心他看到你不完美的样子。于是，你每天都生活在焦虑和恐惧之中，根本没有办法全情地投入在一段感情当中。

其实你的条件并不差，在周围的人看来，你在各方面都配得上对方，但你习惯性地否定自己，很难相信自己真的值得他人喜欢，也很难相信这段亲密关系是稳定的、安全的。为什么你这么优秀，还是没有办法坦然地去爱和被爱呢？这大多是因为你有自卑的情绪，习惯性地否定自己。习惯自卑的人，不论是对待感情，还是做其他事情，都会先习惯性地否定自己。你这样做的目的是，当你真的被否定、被嫌弃时，你不至于无法接受，因为你已经想过最坏的结果了。

在一段亲密关系中，如果你自身的情感经验不足，自认为驾驭爱情的能力不够，就很容易将爱情当作一块美丽又易碎的水晶，想要悉心呵护，又不敢轻易触碰。当你和爱人之间的距离越来越近的时候，你可能会变成那个自我怀疑、缺乏价值感、觉得自己不值得被爱的人。你认为："我要足够好才能配得上他。我可能不是那么值得他喜欢，不是那么值得他付出，不是那么值得他去爱。"

当你觉得自己的条件比较差，或者你觉得对方对你的付出、对你的爱明显更多时，你就感觉很不安。好像只有你达到了某种条件，符合某种标准后，才配得上别人的爱和关心。在这个过程当中，亲密关系好像变成了一种物质交换，你需要不断地获得更多的筹码，才能换来更多的爱。你的这种卑微其实是因为你习惯用自己的低姿态来讨好对方，以便获得对方的认可。一旦你有这样的心态，就很难在一段亲密关系中树立自信心，同时还会一直担心这段感情会无疾而终。一个自卑的人，总是先考虑最坏的结果。

在亲密关系开始的最初阶段，我们会将自己最好的一面表现出来，同时还会尽可能地掩盖自己的缺点和不足。但随着两个人的深入接触，我们刻意掩盖的那一面，迟早会暴露在对方的面前。如果你是一个在感情中自卑的人，就会建立防御机制，以防对方看到不够完美的你。在喜欢的人面前，除了满心欢喜以外，我们常常还会陷入自我怀疑的困境中，担心自己不够好，害怕两个人的亲密关系迟早有一天会破裂。

那么，一个习惯在感情中自卑的人，是因为自己不够优秀才没有自信的吗？有调查表明，一些习惯否定自我的人，往往是很优秀的，且有完美主义倾向，他们在面对一些人或事情时，必须有十足的把握才会选择出手。有的人会做最坏的打算，不断地暗示自己"我不行""我很难做到""我应该不会拥有美好的结果"。

有的人认为，只有完美的人才配得上一个优秀的爱人，只有足够强大的人才驾驭得了一段美好的感情，久而久之，就在自己的心中构建了一个"完美标准的人"。有些人的客观条件是不错的，可一旦去跟这个"完美标准的人"做对比，就会自惭形秽，涌起自卑的情绪，害怕自己不能真正地拥有这段感情，担心自己的爱人迟早会离开自己。

那么，我们该如何克服自卑的情绪呢？

摆脱原生家庭的影响

有的人，在小的时候，他的父母会告诉他："如果你这次考试考不到80分，就别想出去玩了，爸爸妈妈就不爱你了。"这些人就受到了原生家庭的不良影响。如果你不断地被灌输"你不够优秀，你不值得被爱"的思想，就容易在心理上接受这样的思想，变得自卑。在和别人相处的过程中，你就会不自觉地认为自己不够好，不太容易得到他人的爱。

有的人之所以在亲密关系中感到自卑，可能是因为原生家庭的影响，也可能是因为他人的冷眼相待。一些自卑的人，习惯了放低姿态去讨好对方，迎合对方，让对方开心，这种迎合和讨好可能只是为了不让自己受到伤害。

你现在是一个有能力的成年人了，不再是以前那个弱小的孩子了，也不再需要看大人的脸色了。你要做一个有思想、有远见、有方向、有能量的人，从自卑感、无力感当中挣脱出来，用一个心智成熟的人的视角去看待亲密关系。如果你能摆脱"不配得到爱""不被他人爱"的想法，你的自卑感就会慢慢地减少。等你足够强大之后，你要告诉自己："我不用做到100分，哪怕我只做到了90分，也会有人爱我的。"

自我认同

如果你想要摆脱这种自卑的状态，就要勇敢地展示出自己真实的一面。请记住，你并没有自己想象的那样差，而是一个很优秀的人，不然你怎么可能会拥有这样美好的爱情呢？在他人的肯定中，你会慢慢地提高自信心。别人的夸奖就是对你的认同。在被肯定的过程当中，你的自我认同感会随之越来越强。当然，也许曾经的你是很自信的，但因为受到过伤害，你丧失了安全感，产生了自卑的情绪。如果你越来越自卑，就会过得越来越压抑，越来越沮丧。

在深爱你的人面前，为什么你不能敞开心扉呢？只要你愿意展现真正的自己，就可以获得一个正面的回应。这世上哪有百分之百契合的两个人呢？真正美好的爱情，是两个人不断磨合出来的。如果你能不断地发挥自己的优势，弥补劣势，就能获得爱人的认可，并最终意识到："哦，原来我可以被他人认可，我可以被他人爱。"在这个过程中，你会慢慢地增强自我认同感，随之减少自卑的情绪。

获得安全感

自卑的根源之一是没有安全感，总是担心自己没有驾驭这段感情的能力。可实际上，你是一个很优秀的人，你配得上对方，你值得拥有美好的感情。所以，你要时常给自己灌输这样的思想："我真的很不错。即使我有缺点，我也有足够的资本去驾驭这段感情。"如果你给自己灌输这样的思想，就会变得越来越自信，充满安全感。

总之，你要接纳自我，认可自我，多关注自己的优点，积极地弥补自己的不足，不要有太多的顾虑，要勇敢地大步向前。然后，你就会发现，你想象的那些困难根本不值一提。你需要克服自卑的情绪，学会如何爱他人，更要懂得如何爱自己。

第四节
如何克服恐惧的情绪

在开始之前，我想请大家回忆一下：在一段亲密关系中，你是否有过恐惧的情绪呢？有时候，你明明喜欢对方，却总是有这样或那样的想法，总是担心会有不好的事情发生，总是害怕自己受到伤害，不敢向对方敞开心扉。你和对方的亲密程度正在稳步上升，本应是一件高兴的事，你却突然觉得害怕，感到焦虑，想要逃避这种关系，不想让你们俩的关系更进一步。又比如你和对方刚谈恋爱不久，对方想公开你们俩的关系，一起"秀个恩爱"。可你知道对方的想法以后，内心很犹豫，很抵触，甚至还会感到恐惧。你会想："我一定要这么做吗？如果我不配合他这么做的话，他会不开心吗？"

又或者，你们俩谈了很长时间的恋爱，已经到了谈婚论嫁的时候。有一天，你的爱人毫无征兆地跟你说该见家长了，该谈一谈结婚的事情了。虽然你知道迟早有见家长的那一天，但是真要见家长了，你的第一反应是慌乱，拼命地想逃离。如果你的爱人感觉到你的逃避和抗拒，他可能会觉得你不是很爱他。

在一段亲密关系中，如果你出现了恐惧的情绪，你可能会变得很犹豫，总是担心有不好的事情发生，害怕向前一步会影响你和爱人之间的感情。这并不是你不爱对方的表现，而是你在面对一些事情的时候，产生了一些抵触的情绪。你和爱人之间的关系愈发亲密，这明明是一件很好的事情，可你为什么会害怕呢？

　　首先，这可能是由自卑心理导致的，你觉得自己无法掌控这一切。有你这种想法的人，并不是少数。有的人表面上光鲜亮丽，看起来自信又强大，实际上他的心里住着一个自卑的自己，他总是觉得自己糟糕透了，没有人爱他，存在着不该被爱的自卑感。你之所以害怕亲密关系更进一步，有可能是因为你害怕自己的爱人看到更多真实的你，害怕自己的爱人看到你那些刻意隐藏起来的缺点。一向自卑的你，长时间地处于不自信的状态，你害怕自己的爱人会因为你真实的样子而提出分手。

　　其次，受到原生家庭的影响，有的人在亲密关系中表现得很内敛、很含蓄，不敢放开自己，不敢在爱情上全情投入，不敢轻易地将自己的心交出去，更不敢全身心地去爱一个人。还有一些人，容易满足现状，习惯待在舒适圈里，不愿意走出来。如果男女双方都对现在的状态很满意，就等于进入了一个舒适圈。如果一个人在舒适圈里待的时间过长，就会觉得现在的状态挺好的，没有必要去改变现状。

　　对于有的人来说，任何的改变和突破都是未知的。面对未知的领域，大部分人会同时具有好奇和恐惧两种心理。如果一个人的好奇心理压过恐惧心理，就意味着这个人想要探索未知的领域。如果一个人的恐惧心理压过好奇心理，就意味着这个人放弃探索未知的领域。对于有的人来说，突破两个人的关系，打破现有的状态，恐惧感要远超于好奇心。比如你和对方刚确定恋爱关系，对方就在朋友圈内公开，或者你还没有结婚的打算，对方就要求你见家长。以上这些事就是在打破现有的舒适状态，有的人就不愿意面对。

　　还有一些人，将自己所有的心思都放在一段感情上，却经历了爱人的背叛，最终被伤得遍体鳞伤，不再轻易地将自己的心交出去，不敢再轻易地相信他人，不敢放下戒备，不敢全身心地去爱一个人。毕竟，有时期望越大，失望也越大。

那么，在亲密关系中，我们该如何克服内心的恐惧呢？

学着与自己和解

我们要勇敢地面对自己，学着去接纳那个不完美的自己。大多数人的心里或多或少地有一些自卑感，但这并不代表大多数人是很差劲的，不值得被任何人爱。如果你想要被别人爱，就先学会爱自己。

改变自我的认知，与自己和解。同时，你还应当清晰地意识到，并不是只有完美的人才能拥有爱情。人无完人，谁的身上都是有优点和缺点的，不要妄自菲薄，不要刻意地放大自己的缺点。如果你想要拥有一段美好的爱情，那么你在和爱人相处的过程中，要懂得扬长避短，但不要刻意地掩盖自己的短处。因为你掩盖得越多，就会越焦虑，越恐惧，时刻都在担心自己暴露缺点。请你全然地接纳自己，并努力让自己变得更美好，慢慢地克服恐惧的心理。

勇敢地跳出舒适圈

如果我们长时间地维持一种状态，就很容易习惯这种舒适的感觉。如果你已经习惯了现有的状态，当对方提出想要将你们俩的关系更进一步时，你就不愿意接受对方的提议。如果你已经习惯了两个人恋爱的状态，暂时没有结婚的打算，不愿意面对婚姻的琐碎，当对方提出谈婚论嫁的想法时，你就会慌乱。

其实，真正让人恐惧的，不是跳出舒适圈，而是你已经习惯了现有的状态，不想让亲密关系更进一步。你应当勇敢地向前看一看，走出自己的舒适圈，尝试着去探索未知的领域，循序渐进，没必要给自己太大的压力，不用逼自己一步到位。

当你的爱人提出让你感到恐惧的要求时，你可以跟他这样沟通："亲爱的，我是一个比较慢热的人，需要多一点适应的时间。我并不是在拒绝你，也不是在排斥你，我只是需要一点时间，可以吗？"只要你们俩采取积极有效的沟通方式，双方都各退一步，就能达到一个彼此都能接受的状态。有效的沟通能够让你的爱人不会因为你的拒绝而难堪，而你也因此有了一段缓冲的时间，慢慢地接受改变，从而大大地减少内心深处的恐惧情绪。

分清楚过去和现在

我们不能因为过去的经历而影响现如今的亲密关系。也许在上一段感情中，你是一个受害者，迟迟没有走出阴影。即使现任对你很好，你也依旧处于担忧的情绪中，甚至会把对前任的怀疑转移到现任的身上。很明显，如果你用这样的态度对待现任的话，无论对你，还是对现任来说，都是一件极其不公平的事情。所以，我们一定要分清楚过去和现在。过去的最大意义就是过去的事情已经过去了。过去的事情不能代表现在的事情，不能影响你的未来，也无法决定你的未来。

如果你长时间地沉浸于过去，回想着过去的痛苦，让自己一直处于对爱情的恐惧当中，那么你就活成了"过去的奴隶"。既然你已经开始了一段全新的恋情，既然站在你面前的是一个新的恋人，就请你不要用怀疑的眼光看待他。我们要学会区分过去和现在，活在当下，减少恐惧感，毫无顾虑地大步向前走。

注意保持边界感

有的人在谈恋爱后，一旦感受到恋爱的美好，就错误地将爱情当作了自己生活的全部，将恋人当成了自己的全世界，不再拥有属于自己的生活。

一旦你有这样的心态，就很容易在一段亲密关系中变得患得患失。如果对方稍微对你冷淡一点，或者由于工作忙碌没能顾上你，你就会六神无主，异常焦虑，觉得天都要塌下来了。久而久之，你就会让自己长期处于恐惧之中，总是担心对方对自己不理不睬，担心对方对自己的感情变淡，担心自己哪里做得不够好。如果你想要减少这种恐惧心理，就要设法保持边界感，不要将自己所有的时间和精力都放在爱情上，多去经营好自己的生活，做一些自己喜欢的事情，比如健身、聚会、旅游等。

如果你能转变认知，意识到爱情不是自己生活的全部，即使你的爱人某一天可能会离你而去，你的生活也照样美好，那么你就克服了恐惧的心理。

第五节
如何避免情绪失控

在一段亲密关系中，如果你出现了情绪失控的情况，你有没有想过情绪失控的原因呢？你向来是一个情绪稳定的人，为什么一跟自己的爱人在一起，你的情绪就会失控呢？内心坚强的你，无论遇到多大的事情，都能从容、淡定地去应对。可是一面对自己的爱人，你就像换了一颗玻璃心一样。只要他稍微数落你一句，或者他对你说话的语气重了一点，你就立刻变得不理智，情绪特别激动，然后不受控制地跟他大吵一架。

毫无疑问，这种失控的情绪状态很可能会伤害到你的爱人，导致亲密关系的破裂。如果你无法掌控自己的情绪，任由情绪继续失控下去，最终受伤害的是你自己。你的性格明明没有那么急躁，为什么在亲密关系中，一有一点风吹草动，你就容易情绪失控呢？

情绪失控的原因

对爱人的期望太高

如果你对一件事的期待值很高，而最终的结果不如预期，那么你就会感到失望。预期与实际的结果差距越大，你的失望就越大。

在一段亲密关系中，我们对自己的爱人是有期待的，有时还会有很高的期待。我们期待什么呢？我们期待自己的爱人能够全身心地投入在这段感情上，期待自己的爱人是那个最懂自己的人。

期待当然是可以有的，但是过高的期待很容易让我们产生巨大的心理落差。如果我们期待自己的爱人理应是那个最懂我们的人，就相当于将自己的爱人当作一个与我们完全契合的人。可是，这个世界上就不存在完全契合的两个人，也不存在完全不需要磨合的美好感情。建立亲密关系的两个人，一定会在生活理念、生活习惯等方面存在着差异。

有的人一旦开始谈恋爱，就会陷入一种不理智的状态，总觉得对方就是自己的灵魂伴侣，坚信对方就应该和自己百分之百的契合，这就是一种很高的期待。随着深入接触，你发现自己和爱人之间存在着很多的差异。在很多事情上，你和自己的爱人持有不同的意见，你们俩甚至会因为意见不同而争吵。在你感到委屈的时候，你还会发现，原来你的爱人并没有那么懂你。

如果现实和期望之间存在着巨大的差异，你就会有一种幻想瞬间破灭的感觉，变得沮丧，甚至开始绝望，很容易情绪失控。在情绪失控之后，大多数人的第一反应是去攻击那个和自己关系最亲密的人，把自己的不良情绪全都发泄在他的身上。

🌰 和自己的爱人之间没有边界感

关于边界感，不少人存在着一定的误区。很多人认为：既然选择和对方携手同行，就理应如胶似漆，形影不离，最好做到你中有我，我中有你的程度；既然选择做最亲密的彼此，就要用最亲密的方式去相处。虽然你们俩是十分亲密的关系，但是你们俩各自是一个独立的个体。即使你们俩选择共度余生，也并不代表你们俩就完全合二为一了。如果你有错误的认知，就容易控制不住自己的负面情绪，朝着自己的爱人发泄负面情绪。

起初，你的爱人也许会选择忍让，选择妥协，愿意做你的出气筒。这会让你产生很强的安全感，甚至会让你认为：无论你怎么对他，他都依然爱你。于是你开始产生这样的错觉：无论你怎么凶他，他都不会离开你。于是，你就像一个被宠坏的孩子一样失去了分寸，肆无忌惮地发泄自己的负面情绪，很容易出现情绪失控的局面。

💛 没有重视情绪管理

有的人几乎将所有的心思都放在了自己爱人的身上，也将自己的情感全部寄托在了自己爱人的身上。当你格外地在乎一个人的时候，你可能会变得极度敏感。如果你的爱人在你的心里占据了一个非常重要的位置，就相当于你给了他伤害你的机会。你越爱他，就可能越容易被他牵着鼻子走，非常在意他的一言一行。

比如闺密跟你开玩笑说："几天不见你，我怎么感觉你变胖了不少呀！"听到闺密这样说，你当然清楚地知道闺密在跟你开玩笑，你们俩说说笑笑，打闹一番，你根本不会介意闺密的话。可当你的爱人用同样的语气对你说这句话时，你可能会变得格外敏感，开始胡思乱想："他到底是什么意思啊？他是不是嫌弃我了？他是不是想要分手了？"如果你过分地在乎一个人，就会变得极度敏感。而极度的敏感是情绪失控的源头之一。

如何避免自己的情绪失控

💛 降低期待

我没有让你停止对爱情的幻想，也没有让你停止追求美好的爱情，我只是让你降低对爱情的期待。你只有降低了对爱情的期待，才能接受一个正常的结果。什么是正常的结果呢？就是你的爱情并不是完美的。在这个

世界上，没有百分之百契合的情侣，只有不断地磨合、不断地去适应对方的人。你不能让自己爱上一个幻想的爱人，要学着接受爱人的真实状态。

幻想的爱人，的确会承载我们对爱情的所有美好幻想。可是如果现实中的爱人和幻想的爱人存在着很大差距的话，就会让我们产生很大的落差感，这种落差感可能会导致我们的情绪失控。如果我们想要减少这种落差感，就要抛弃幻想。

和自己的爱人保持适当的边界感

在亲密关系中，即使男女双方的感情再好，男女双方也要保持边界感。无论处于何种关系中，我们每个人都要有属于自己的空间，保持独立，避免过度地依赖他人。和自己的爱人保持适当的边界感，能够促进个人的成长，让亲密关系更加稳定。我们每个人都需要发展自己的兴趣爱好、人际关系等，提高自我价值。这样，处在亲密关系中的两个人，才能够分享给彼此不一样的新鲜事物、多元化的经历，让恋爱生活充满新鲜感。那些没有边界感的情侣，很容易产生压力和矛盾。情侣之间保持适当的边界感，可以让双方有冷静思考的时间和空间，可以让双方用更加理性、成熟的态度处理矛盾。

不要将自己所有的心思都放在谈恋爱上

即使恋爱很美好，你也不能将自己所有的心思都放在谈恋爱上，不要让自己的世界里只有爱情。如果你只想着过好二人世界，将你的爱人当成自己生活的全部，就容易忽视自我经营的重要性。如果你已经习惯了将自己的喜怒哀乐只分享给自己的爱人，那么你就将自己局限在了一个有限的空间内，再也找不到其他的情感寄托了。

可是在我们的生活中，不是只有爱情，还有亲情和友情。除了谈恋爱以外，我们还要忙着自己的学业、事业，发展自己的兴趣爱好，找到属于自己的娱乐方式，做瑜伽、跑步、看书、画画等。不要将所有的鸡蛋都放在一个篮子里，也不要将自己的情感只寄托在一个人的身上。我们要学着将自己的情感寄托在多个地方，让自己有丰富多彩的人生。如此，我们就不用整天担心失去自己的爱人，也不用整日活在焦虑之中，情绪自然就会非常稳定。

如果你想要避免情绪失控，就要找到更多的情感支撑点，和自己的爱人保持适当的边界感，分清楚幻想的爱人和现实中的爱人。

第六节
如何摆脱过度依赖的心理

··

　　问大家这样一个问题：在一段亲密关系中，你会习惯性地依赖自己的爱人吗？在谈恋爱时，有的人会选择依赖自己的爱人。一些依赖心理比较强烈的人，恨不得每时每刻都待在自己爱人的身边，无论如何都控制不住自己对爱人的思念，习惯性地盯着手机，只要自己的爱人没有及时回消息，就会发一连串的消息追问他到底在干什么。有的人抛弃原本的社交圈子和爱好，就为了和自己的爱人有更多的相处时间，即使身处两地，也要开着视频聊一整晚，否则就睡不踏实。你对爱人的依赖是否已经到了这种程度呢？如果是的话，你有没有想过自己为什么需要爱人的长久陪伴呢？为什么爱人一离开你片刻，你就觉得难以忍受呢？

为什么会产生依赖的心理

🖤 不自觉地回到了孩子的状态

　　为什么你会如此需要爱人的陪伴呢？当爱人不在你身边时，为什么你就感觉难以忍受呢？在婴儿时期，我们最依赖的人是妈妈，因为在妈妈那里，有甜蜜的乳汁，有温暖的怀抱，有轻声细语的哄睡。对于一个婴儿来说，这些是他最需要的。在青少年时期，我们需要他人的关注和呵护，需要学会独立自主，自强不息，也就是我们需要摒弃那种依赖心理，独立自主地面对周围的一切，一个人去探索这个繁杂的世界，独自处理各种琐事。在接受了独立自主的教育理念之后，一些人开始抑制自己的依赖心理。事实是，有的人并没有将这种依赖心理丢掉，而是暂时将它埋在了内心深处。

在开始一段亲密关系之后，有的人觉得自己终于找到了可以依赖的人，再也不用压抑自己了，变得特别黏人，想要占据对方所有的时间和空间，就像婴儿对妈妈的依恋一样。有了这种想法的人，迅速地回到了孩子的状态，就像孩子回到了妈妈的怀抱一样，将自己的依赖心理淋漓尽致地展现给自己的爱人，毫无保留地展现出自己脆弱的一面。

在热恋期时，你的爱人大多会接受你表现出来的依赖心理，觉得你很可爱，可能还会对你说"我会照顾你一辈子"之类的话。时间一长，你的爱人可能会觉得："你怎么这么黏人呢？你怎么不给我留一点私人空间呢？我好累啊！我好想逃离啊！"到最后，因为你的过分依赖，你的爱人会感到窒息，以至于很想摆脱这种状态，在尝试几次未果之后，就只能选择和你分手了。

🖤 习惯了被宠爱

有的人受到原生家庭的影响，从小被宠到大，习惯了被宠爱，属于一直依赖他人的那种类型。我认识的一个姑娘，就属于这种类型。她从小被父母呵护着长大。她上高中的时候，父母觉得她离家有点远，于是就在她学校附近租房陪读，给她洗衣服、做饭。甚至她每次洗完头发之后，都是她妈妈帮她吹头发。后来，她在隔壁的城市上大学。即使交通很方便，她也从来不坐火车或客车，每次都是给她爸爸打电话，让她爸爸来接她回家。每次回家的时候，她都会拿一行李箱的脏衣服，回家让妈妈清洗，返校的

时候再将洗干净的衣服拿回学校去。

这是一个从小被宠到大的女孩子，即使已经成年，也依然被父母细致地呵护着。她的依赖心理没有被压制，更没有衰减，还与日俱增。如果这个姑娘开始谈恋爱，她一定会将依赖心理表现得淋漓尽致。她会将自己的恋人当作父母的替代者，期待从自己的恋人那里获得无微不至的关怀，希望自己的恋人悉心地呵护自己。

缺乏安全感

在亲密关系中，有的人通过寻求自己爱人的情感支持而获得安全感。依赖自己的爱人是获得安全感的一种方式。缺乏安全感的人，会将爱情当作自己生活的全部，很难克制住自己对爱人的在乎。因为在乎，这类人就会觉得自己的爱人是无可替代的，主动地减少社交的频率，减少工作或学习上的投入，甚至放弃自己的兴趣爱好，将所有的心思都放在自己爱人的身上，越来越依赖自己的爱人。过度依赖自己的爱人，只会让自己的爱人感到窒息。

如何摆脱过度依赖的心理

提高自己独立自主的能力

在一段亲密关系中，如果你习惯了让自己的爱人安排所有的事情，习惯了他的呵护，习惯了他帮自己做任何事情，久而久之，就会觉得自己能力欠缺。一旦你有了这种想法，又甘于长期处在这种状态中，就可能会变成什么都不会做的"巨婴"。其实，你可以试着让自己变得更独立，变得更有主见。你可以尝试着规划一下具体的约会流程，比如在哪里见面，去哪家饭店吃饭，要看什么电影，看完电影之后去哪里逛街，等等。当你开始独自做这些事的时候，你就会发现这些事并没有那么难，不依赖自己的爱人，自己照样可以做得很好。

当无人陪伴的时候，你可能会感觉到孤单，你的依赖心理可能会再一次占据上风。当你想给自己的爱人打电话，想跟自己的爱人视频，想马上见到自己的爱人时，你不妨先冷静几分钟，想一想：这个电话、这个视频、这个见面真的有必要吗？接下来，你可以用其他的事情转移一下自己的注意力，比如阅读一本书，听几首自己喜欢的歌，看看自己喜欢的电视剧，等等。

● 摆脱原生家庭的影响

也许你受到原生家庭的影响，被父母呵护得很好，错误地认为，自己就应该依赖爱人，就应该在爱人面前卸下所有的伪装，变成一个肆无忌惮的孩子。但是，你也要明白，现在的你是一个成年人，在处理两性关系时，应该用成人的处事方式。你可以尽情地依赖父母，却不可以尽情地依赖自己的爱人。你的爱人不是你的父母，更不是你父母的替代者。正常的两性关系应当是建立在男女双方平等的基础上的。

当然，你可以依靠自己的爱人，他会适当地呵护你、照顾你，但这并不代表他就是你可以过度依赖的人。因为爱人的忍耐程度是有限的。一旦你过度依赖他，就意味着你将爱情中的所有压力都转嫁到了他的身上。你在这段感情中越觉得轻松、快乐，就意味着你的爱人承受的压力越大。当你们俩的付出和回报长期不对等时，你的爱人可能会无法忍受，拼命地想要逃离这种状态。这种过度的依赖会对两性关系造成伤害。你需要摆脱原生家庭的影响，扮演好成年人的角色。

● 避免将自己的情感全部寄托在爱人的身上

虽然爱情是美好的，但爱情并不是你生活的全部。你不要将自己所有

的情感都放在自己爱人的身上，也不要将爱情当作自己生活的重心。你可以依靠自己的爱人，但不能过度地依赖自己的爱人。在生活中，你还有很多值得去爱和珍惜的人或事。

如果我们将生活比作一个桌子的平面，那么支撑这个平面的桌腿是爱情、亲情、友情，还有属于自己的工作、学习、兴趣爱好，等等。如果我们放弃其他的东西，只要爱情的话，那么这个桌面仅靠一个腿支撑着，很难平稳。如果我们的生活被多个支点支撑，就会变得很稳固。

在两性关系中，如果一个人想要摆脱过度依赖的心理，就需要一个长时间的过程。你可以通过提高独立自主的意识，摆脱原生家庭的影响，和周围的人建立良好的社交关系，等等，减少自己的依赖心理，建立更加稳固的两性关系。

第七节
如何丢掉讨好型人格

请你回忆一下：在你和自己的爱人发生争吵之后，你永远是那个先服软的人吗？你们俩冷战没多久，你就开始慌了，因为你担心冷战时间过长，会让你们俩的亲密关系破裂。于是，你就先服软，苦苦地哀求自己的爱人，跟他道歉，哄他开心，希望他不要再生气了。在日常的相处过程中，爱人的眉头一皱，或者突然叹息一声，你就瞬间慌了，担心自己哪里做错了，开始花心思哄他开心。你的外在条件明明很优秀，但自从谈恋爱以后，你就对自己的身材和外貌不够自信了，为了迎合自己的爱人，把本来适合自己的长发剪短，明明不胖，却非要追求他喜欢的那种骨感。

你有没有想过：自己并不差，为什么还要在两性关系中放低自己的姿态呢？为什么你宁愿为难自己，也要迁就自己的爱人呢？这多是因为你属于讨好型人格。具有讨好型人格的人，在两性关系中，习惯将自己放在一个很低的位置上，总会不由自主地倾向对方，这种失衡让自己产生了卑微感。

一旦你产生了卑微的情绪，就会觉得自己的爱人那么好、那么优秀、那么完美，自己各方面都不如他，只能拼命地迎合他，以弥补两个人之间的差距。具有讨好型人格的人会这样想："那么完美的一个人选择了我，我只能迁就他，包容他，即使为难自己，我也要将他留在自己的身边。能跟他在一起是我的幸运。"

157

讨好型人格者的内心深处是自卑的，而这种自卑心理催生了讨好和迎合心理。这类人希望用讨好和迎合的方式来减少两个人之间的差距，用尽一切努力来维系这段亲密关系。这种讨好型人格者，容易患得患失，将所有的心思都用在了自己爱人的身上，甚至将这段亲密关系当作自己生活的全部，整日担心自己做得不好，担心没把自己的爱人哄好，担心自己的爱人转身离开。

在两个人的亲密关系出现问题的时候，这种讨好型人格者会主动求和，只希望自己的爱人不要离开自己。这种人整日患得患失，小心翼翼，有极高的容忍度，总是一再降低自己的底线，默认爱人对自己的伤害，接受自己卑微的状态。

有的人认为自己无法掌控这段感情，担心感情破裂，习惯性地将自己作为过错方，充满了自卑的情绪，甚至还会降低自己的底线，讨好自己的爱人，以便换取爱人的爱。即使自己受委屈了，也要拼命地讨好自己的爱人，这是一种不健康的行为模式。具有讨好型人格特点的人，大多性格敏感，甘愿充当配角，不想主宰自己的人生。如果你想要摆脱讨好型人格，就要拥有掌控自己人生的能力，不断地培养独立自主的意识。

转变自己的认知，认清自我的价值

具有讨好型人格特点的人，没有用正确的评价体系评判自己，没有认清自我的价值，可能是因为他们受到原生家庭的影响，也可能是因为他们受到失败经历的影响。这种人在与他人交往时，总是表现得特别宽宏大量。这种忍让往往会让自己的爱人变得更加肆无忌惮。在这个世界上，根本就不存在完美的人，每个人都是独一无二的个体，每个人的身上都有优点和缺点，要试着转变自己的认知，正视自己的价值。

如果你想正视自己的价值，就要学会利用自己身上的闪光点，提高自信心，不要总想着迁就他人，不要将自己的交友范围局限在自己爱人的身上，要懂得接触更多的人，要和欣赏自己的人待在一起。既然你们俩能走到一起，就说明你们俩是彼此吸引的，各个方面的能力是匹配的。你要摆脱"他太优秀了，我只能迎合他"的想法。

学会爱自己，学会独立

具有讨好型人格特点的人，太在意自己爱人的感受，因而忽略了自己的真实感受。这类人宁愿委屈自己，也要去讨好自己的爱人，不愿意向自己的爱人说出自己的真实想法。有的人明明很害怕，很痛苦，很煎熬，却因为害怕自己的爱人不高兴，选择默默地忍受，甚至因为自己的爱人不惜做伤害自己的事情。

如果一个人想要摆脱讨好型人格，就要将关注点转移到自己的身上，学会爱自己，优先考虑自己的感受；就要学会将自己真实的想法表达出来，不再委曲求全。靠委屈自己得到的爱并不会长久。学会爱自己，才是一个人一生的必修课。只有你先爱自己，你的爱人才会重视你。

具有讨好型人格特点的人，大多害怕孤独，宁愿去将就、去讨好自己的爱人，也不愿意选择分手，因为害怕感受孤独。事实上，一个人为了摆脱孤独去谈恋爱，本身就是一件不正常的事情。一件不正常的事情，又怎么可能会有一个好的结局呢？独自一人生活本来也没有那么可怕。如果你学会了享受孤独，就可以让自己的内心变得很强大。一个内心强大的人，不会因为害怕爱人提分手而委屈自己，不会因为迎合爱人的喜好而委屈自己。有时，人生而孤独，要学会享受孤独。

坚守自己的底线，学会拒绝

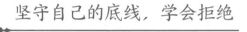

　　什么是底线呢？底线就是一个人无论如何都不能逾越的行为准则。具有讨好型人格特点的人，并不是一开始就没有底线，而是在一次次的妥协中逐渐降低了自己的底线，最终成为一个毫无底线的人。你的毫无底线并不会让你的爱人加倍珍惜你，反而会让你的爱人得寸进尺，毫无顾忌地再次伤害你，再次挑战你。你毫无保留地为自己的爱人付出，毫无原则地接纳自己的爱人，只会让自己的身心俱疲。你的付出，你的妥协，只会让你的爱人轻视你，认为你所做的一切都是理所应当的。一段亲密关系的维持，不能只依靠一个人的妥协，它需要两个人彼此妥协，相互扶持，共同经营。

　　坚守底线的你也许会失去本就不属于你的爱情。一段并不适合自己的爱情失去又何妨呢？不需要讨好对方的爱情，才是适合自己的爱情。爱情是两个人的事。你在为对方付出的同时，也要学会向对方索取。

第八节
如何应对回避型恋人

什么是回避型恋人呢？回避型恋人在遇到问题时，习惯性地选择逃避，不愿意解决问题。有的人会抱怨自己的恋人："他各方面的表现都不错，就是没有担当意识，在遇到不愿意面对的问题时，要么装作没听懂，继续我行我素，要么选择回避，不去主动解决问题。"比如你们俩已经相处了很长的时间，是时候见见彼此的父母，谈谈婚事了，可是你的恋人却不愿意面对这件事，选择逃避。

在两个人爆发争吵后，你找自己的恋人解决问题，他总是逃避你，不搭理你，不配合你解决问题，他对你采取冷处理的态度，不回你的信息。你已经原谅他了，只希望他来哄哄你，可他只是轻描淡写地对你说一句"我想静一静"。恋人的这种行为让你觉得很无奈，相处起来特别累，有时你能被自己的恋人气到爆炸。有时你心血来潮地跟自己的恋人说了很多的话，比如你想和他一起规划一下旅游路线，然而他对你的话题完全不感兴趣，好像一点儿都不关心你在说什么。

有的时候，你的需求很简单，只是想跟自己的恋人掏心掏肺地倾诉一番，然后听他说几句安慰的话。可是你的恋人无动于衷，只是敷衍地应对你。和习惯性逃避的恋人相处，你有没有觉得很无奈呢？回避型恋人的特点是对亲密关系的投入不够，害怕冲突，喜欢冷暴力，社交能力差，缺乏安全感，不会轻易地相信别人，个体的防御水平高，边界感强。

　　你的需求其实很简单，只是想跟他说说话，可他为什么不感兴趣，甚至装聋作哑，选择逃避呢？实际上，在现实的情感世界中，如果你的爱人习惯性地逃避，那么很有可能是因为你们俩之间的矛盾或冲突已经超出了他的心理承受范围。

　　人们对外界环境的忍耐力是有限的，一旦外界的压力过大，那就选择逃离。当遇到朝着自己飞过来的足球时，大多数人的第一反应不是挡住这个球，而是躲开。因为他们下意识地认为自己很难接住或挡住这个球。一旦外界环境的压力过大，很多人的应激反应是逃避。

　　一丁点的矛盾，难以决策的问题，都会让回避型恋人的压力陡增，触发他内心的防御机制。一旦启动了防御机制，他就越焦虑，越无法做出正确的选择，只想着逃避。如果你的恋人习惯性地回避问题，有可能是因为他对这段感情不看好，至少他没有你那么看好这段感情，他不认为他和你能走到最后，他不愿意全情投入在这段感情上。

　　回避型恋人害怕承诺，有危机意识，内心的潜台词是："我不能付出那么多，以防哪一天我们俩的关系破裂了，所有的付出就都白费了。"当然，你的恋人不会这样直白地表达出来。你的恋人不说，你也不理解，他被自己错误的认知禁锢着。面对你的情感诉求，你的恋人想的不是如何满足你的诉求，而是瞻前顾后，一直犹豫。比如你想带他去见你的父母，你希望你们俩马上结婚，可他呢，他害怕做出承诺，害怕父母反对……

　　总结一下，恋人的顾虑来自他对未来的不确定性，他担心的是"如果"或"假设"，本能地选择回避问题，在回避的过程中，还会莫名的情绪化，比如突然烦躁了，开始冷漠了……即使你对恋人的这种行为感到失望，也要读懂这种行为背后的原因：他是有负面情绪的，他的内心是焦躁的，他看不到他和你的未来。在这个时候，你就需要对他多一些理解，而不是一棍子打死，选择分手。他不一定是一个"渣男"，只是内心消极，没有任何自信心而已。

在日常相处中，我们该如何应对这种回避型的恋人呢？

一定要给自己的恋人足够的自我调整时间

你的恋人之所以消极、焦虑、压力大，是因为他的抗压能力差，自我调节能力不足。面对恋人逃避的态度，如果你站在道德的制高点，不断地指责他，反而会让你们俩的关系陷入更深的泥淖之中。你可以和他约定好，当他感到焦虑，当他觉得压力很大，想要逃走的时候，他应该主动地跟你说出来，哪怕不说原因，只是简单地说一句"我需要休息一下，我想一个人静一静，给我一点时间吧"。在面对恋人逃避的态度时，不管你有多不满，有多难受，多想跟他大吵一架，现在都不是发泄情绪的时候。等到自己的恋人平复好情绪，你再和他沟通也不迟。

帮助自己的恋人调节情绪

回避型恋人的自我调节能力是不足的，面对外界的压力，他无处发泄，也不习惯向他人倾诉，内心积攒的负能量越来越多。满是负能量的他迟早会垮的，即使并不是因为你，也极有可能会迁怒于你，迁怒于你们俩的感情。所以，你需要帮助你的恋人调节情绪。你可以引导你的恋人合理地宣泄自己的情绪。他可以找人倾诉，也可以在不打扰他人的情况下大声喊叫，或者做一些剧烈的运动。如果你想让自己的恋人保持一个相对稳定的情绪状态，就和他一起坚持健康的生活方式，健康饮食，规律作息，适当地运动，做到劳逸结合。你除了要理解自己恋人想要表达的东西以外，还要学会与他共情。在必要的情况下，你可以让自己的恋人去寻求专业医生的帮助。

帮助自己的恋人提高自信心

如果你的恋人选择逃避的原因是他对这段感情没有信心，那你就想办法让他对这段感情产生信心。用你的眼神，用你的言语，用你的行动，去向你的恋人证明："虽然你不够自信，但是我相信我们俩的感情，我愿意一直陪着你，对你不离不弃。"即使你的恋人对你躲躲闪闪，你也不要轻易地放开他的手。当他说想静一静时，你就不要追问他到底是怎么回事，为什么要躲着你，否则你咄咄逼人的态度只会让他产生更多的抵触情绪。如果他想静一静，那你就让他好好地静一静，没有什么大不了的，这是他进行自我调节的方式。当他需要他人安慰的时候，你要及时地出现，满足他的心理需求。

说到底，你的恋人还是不自信，他觉得你对他的爱没有那么深，他看不到这段感情的未来。所以，你需要让他相信，你是真的爱他，这段感情的未来并没有他想的那样悲观。如果你的恋人对你们俩的感情充满自信，他就不会习惯性地逃避，不会那么消极地应对问题。

和自己的恋人积极沟通

如果你的恋人不擅言谈，你却希望听到他的甜言蜜语，这对他来说是一件很困难的事情，即使你逼迫他，他也会选择逃避。既然你的逼迫不管用，你就试着使用引导的方法，先说出自己的感受，再站在对方的角度去理解他，比如你可以这样对他说："亲爱的，你不回应我，我真的感觉很难受。你弄得我非常没有安全感。你是不是担心自己满足不了我的期待，感到很焦虑？"尝试让自己的恋人敞开心扉，理解行为背后的真正原因，采取积极有效的沟通方式。如果你的恋人感受到你的善解人意，感受到你的同理心，他或许就愿意和你沟通了。

第九节
如何摆脱受虐倾向

我认识的一个女生，各方面的条件都不错，在喜欢上一个男生之后，疯狂地追求那个男生，两个人终于确定了恋爱关系。但这个男生很直接地告诉她："我对你没有什么感情，我之所以同意跟你在一起，只是因为我觉得你的条件还不错，又对我很执着，打算先跟你相处一下。"听到这些话以后，虽然这个女生感到失落，但是她觉得自己能接受，毕竟她和男友已经确定恋爱关系了，她相信，只要她一直对男友好，总有一天男友会真心爱上她的。

在两个人相处的这段时间里，这位女生掏心掏肺地对男友好，用省吃俭用的钱给男友买礼物。俩人身处异地，每次都是她跑去另一个城市找男友。无论她怎么付出，怎么表达自己的爱，男友对她都是不冷不热的。最崩溃的是这位女生发现，自己的男友在微信上跟很多女生"玩暧昧"。当她崩溃地问男友原因时，男友这样告诉她："当初我就告诉过你，我只是觉得你还不错，可以先相处一下，又没说非你不可。如果有一天我遇到了更适合我的女生，你不能阻止我追寻真爱吧。"听完男友的话，这位女生不仅没有愤怒，还后悔翻看男友的聊天记录，执意挽回男友，希望男友能再给她一次机会，并承诺以后加倍对男友好。

为什么有的女生就好像天生是吸引"渣男"的体质一样，总是遇到"渣男"，总是受到伤害呢？这类女生多是那种很深情的类型，不管男生好不

好，就义无反顾地对他好，相信自己总有一天会把他的心焐热了。为什么这种女生会爱上一个伤害自己的人呢？为什么这种女生明明知道前方有危险，最终的结果也不一定是皆大欢喜的，还要像飞蛾扑火一般，奋不顾身地扑向"渣男"呢？难道这种女生真的有受虐倾向吗？

处在糟糕的亲密关系当中不能自拔的人，其实是潜意识里想要重复体验糟糕的亲密关系，让自己重复体验过去的痛苦。趋利避害是人们的本能。对于某些伤害，有的人会错误地认为它是对自己有利的。如果一个人在小的时候，经常看到父母吵架，过得非常痛苦，那么在他的认知里，爱人之间就是会吵架，彼此伤害。他会将父母之间的相处模式当作爱人之间的正常相处模式。相比于糟糕的原生家庭，那些看起来很糟糕、很不堪的相处模式，反而给他带来了更多的安全感。

熟悉的东西会给我们带来安全感。我们会错误地将熟悉的东西等同于安全感。然而，熟悉的东西不一定是对我们有利的。有的女生在小的时候，遭受过父母的语言暴力、毒打等等，长大以后，也没有摆脱原生家庭的影响。这种时常被打压的模式早已经深入骨髓，这类女生很自然地会跟打压自己的男生相处。在面对优秀男生的示好时，这类女生很难接受，因为不熟悉的相处模式让她没有安全感。这类女生就像一只久在樊笼里的鸟儿一样，习惯了被束缚，即使返回了大自然，也已经不适应笼子外面的世界了。如果一个人习惯了差的、糟糕的亲密关系，反而不容易接受那些好的亲密关系。这也是有些女生明明知道对方是一个"渣男"，还义无反顾地爱上对方的原因之一。

还有的女生在亲密关系中，将自己放在一个很低的位置上，不敢要求得到男友的呵护，总是不够自信，觉得自己各方面都不如男友，希望用低姿态换取真爱。一段正常的亲密关系应当是建立在双方平等的基础上的。如果一个人将自己的姿态放得太低，总是担心自己哪里做得不好，惹对方不高兴了，就让双方处在一个不平等的位置上。那个姿态低的人总是担心两个人之间发生激烈的冲突，担心感情破裂，即使自己感到痛苦，也不会勇敢地表达自己的想法。那个姿态低的人，总觉得自己一无是处，不敢奢望被尊重、被呵护，不懂得爱自己，总是为了讨好对方而妥协，即使关系已经变质了，也很难选择放手。

人人都渴望获得幸福，也都希望自己能时刻拥有幸福。可是有的女生，既期待获得幸福，又害怕感受幸福，她怕自己需要承担意想不到的后果，情愿一辈子活在自己设定好的框架里，陷入自我麻痹之中。这样的女生心甘情愿地接受打压，并觉得这一切都是正常的。我们该如何摆脱这种受虐倾向呢？

探索新的相处模式

久在樊笼里的鸟儿，在获得自由后，很可能会停留在原地，它不是不希望获得自由，而是没有追求自由的动力了，因为它在笼子里，有吃有喝，已经习惯了这种生活。有时习惯是一件非常恐怖的事。如果你已经习惯了恋人的打压，就会对不打压你的人感到不习惯。你该如何改变这一切呢？

你要尝试着去克服这种焦虑感。如果你属于讨好型人格，不会拒绝，即使对方提出过分的要求，你再怎么抗拒，也会笑嘻嘻地答应，那么从现在开始，你要学会表达自己的想法，大胆地拒绝。一旦你学会拒绝，就很容易体会到平等相处的好处。面对经常打压你的伴侣，你要敢于说出这个"不"字。

认可自我价值

一个不爱自己的人，又怎么会获得别人的爱呢？同样的道理，在一段亲密关系中，一个不懂得珍惜自己的人，又怎么可能被自己的伴侣珍惜呢？

有一个心理学理论叫"破窗效应"，该理论认为，如果放任环境中的不良现象存在，就会诱导人们效仿不良行为，甚至变本加厉。如果被打碎的汽车玻璃或者房屋玻璃没有得到及时修理的话，就可能会有更多的玻璃被打碎，甚至会有人偷走汽车内或者房屋内的财物。如果有人在一条干净的道路上丢弃了一些垃圾，而这些垃圾没有被及时清理，就会有越来越多的人往这条路上扔垃圾。如果你在一个环境优美、异常整洁的高档餐厅里就餐，你一定不会随地乱扔垃圾。如果你到一个小餐馆用餐，正好过了用餐高峰期，餐馆里面乱糟糟的，满地都是用过的纸巾，还有一次性筷子的包装纸，你很可能会把垃圾扔在地上，因为你认为这个地方本来就是不干净的，随便往地上扔点垃圾，不会有任何心理负担。

男女双方在相处的过程中，也存在着"破窗效应"。如果对方对你造成了伤害，你选择了隐忍，允许他这么伤害你自己，那么他就会不断地试探你的底线，然后丝毫没有顾虑地去做伤害你的事。你越沉默，越隐忍，对方越会给你带来更多、更大的伤害。你该如何改变这一切呢？

首先，你要学会爱自己，认可自己的价值，认为自己是一个很优秀的人，没有必要放低姿态去迎合、讨好对方。然后，你还要学会拒绝，学会反抗。如果你的恋人打压你，挑剔你，你就可以反击他，毕竟他又不是一个完美的人，有什么理由站在那么高的位置上批判你呢？你不需要放低姿态，也不要否定自己的价值，否则只会让你的恋人变本加厉。男女双方势均力敌的状态是亲密关系能够良好发展的前提之一。

摆脱原生家庭的阴影

我们有自己的生活，也应当拥有属于自己的幸福。我们不能因为自己的原生家庭而消极地应对自己的爱情。有的人甚至觉得自己的父母还在吵架，他们一点都不幸福，自己怎么配得上幸福、美好的生活呢？请摆脱这种错误的想法。

我们需要接纳自己的原生家庭，因为它是客观存在的，没有必要否定它，更没有必要忘记它。在接纳原生家庭的同时，我们要对自己说，原生家庭是过去时，已经成为过去，我们不能总生活在过去的阴影中。要过什么样的生活，选择什么样的伴侣，拥有一段怎样的爱情，都由我们自己来决定。在接纳原生家庭以后，我们要尝试着让自己从原生家庭当中分离出来，变成完全独立的个体，不把自己当成父母的附属物，不把父母的感情当作自己爱情的参照物。

我们需要放下执念，真正地去追寻自己想要的生活。希望各位女生远离"渣男"的伤害，摆脱原生家庭的影响，试着和过去的自己告别，迎接更加美好的新生活。

第十节
如何改变忍气吞声的性格

有的人，不管遇到什么样的事情，不管自己多生气，都不敢朝自己的爱人发火，只会选择忍气吞声。我们常被教育，在日常的相处中，要多包容自己的爱人，要懂得让步，这样才能让两个人的感情越来越好。我们可以包容爱人的一些小性子，也可以在和爱人产生分歧时选择让步。但要注意的是，包容和让步不应该是毫无底线的。如果某些事情逾越了我们的底线，我们依然选择忍耐，不愿意和自己的爱人产生争执，那么在这段感情中我们是卑微的。

很多人之所以选择委曲求全，是因为一想到要和自己的爱人发生争执，就害怕失去自己的爱人。这种想法源于我们内心深处的一种心理防御机制。在面对复杂的让我们觉得难以应对和处理的事时，我们担心自己应付不来，害怕把事情搞糟，更害怕自己的情绪会影响两个人的感情。所以，在这个时候我们就会不由自主地开启这种防御机制。这种防御机制的本质是一种逃离的心态——不面对，不解释，选择忍气吞声，选择委曲求全，阻止这件事朝着更坏的方向发展。

有的人喜欢用冷战的方式来表达自己内心的不满，不敢跟对方发火，不敢跟对方吵架，不敢面对冲突。那么，这种忍气吞声的性格是如何产生的呢？有这种性格的人大多受到了原生家庭的影响。

我认识的一个女生，她各方面的条件都很优秀，却心甘情愿地被男友打压，即使她的男友做得很过分，她也选择忍气吞声。深入了解之后，我发现这个女生生活在一个糟糕的原生家庭中，她的母亲是一个全职家庭主妇，家中的经济来源全靠她父亲一个人。她的父亲脾气不好，爱喝酒，每次一喝完酒之后就耍酒疯，对她们母女俩不是打就是骂。

起初这个女生想过反抗，她的母亲却对她这样说："这个家都是靠你爸爸撑起来的，他在外面赚钱不容易，他要是真的抛弃咱们母女俩，妈妈没有能力养活你。咱们俩忍一忍就过去了。"这个女生把母亲的话听心里去了，虽然她觉得父亲的行为的确不对，但是她担心自己的反抗会带来更坏的结果。在遭受父亲家暴时，这个女生选择了忍气吞声。

如此一来，这个女生就养成了回避冲突的习惯，害怕自己的反抗会带来更坏的结果，每次都选择忍一忍，躲一躲。即使自己的男友做了很多过分的事情，她也不敢发火，因为她害怕吵架会让两个人的关系彻底破裂，她不希望面对这样的结果。在被男友伤害的时候，她选择忍气吞声，或者使用冷战的方式来表达自己内心的不满。可这种回避型解决问题的方式并不能解决任何感情问题，反而让男友觉得她只会用冷战的方式来解决问题。这个女生感觉特别苦恼，不知道自己到底怎么了。为什么她总是回避矛盾呢？为什么她明明有很多的话要说，却不能好好地跟男友说呢？

如果我们将自身的这种焦虑、恐惧投射给了别人，别人愿意接纳，就可以适当地说出自己内心的焦虑或恐惧。虽然这个女生事业有成，但是她仍然不敢反抗，她害怕自己和男友发生冲突以后会被男友抛弃，害怕没有人接纳她，害怕没有人包容她，这是一种极度缺乏安全感的表现。那些能给我们带来安全感的，往往是我们熟悉的东西。这个女生习惯了逃避，习惯了用忍气吞声来应对问题，因为她觉得逃避、忍气吞声会给自己带来安全感。然而，一个人的忍气吞声真的能够解决问题吗？当然不能。那么，我们该如何改变这种忍气吞声的性格呢？

学会使用积极、有效的沟通方式

如果你和自己的恋人发生了冲突，不采用积极有效的沟通方式，只希望自己的恋人能够理解你的想法，这是根本不可能的。一个人情绪激动，咄咄逼人，而另一个人选择冷战，两个人完全不沟通，这样只会加深两个人之间的误解。所以，你要尝试着沟通，将自己的真实想法告诉给你的爱人，你可以这样说："亲爱的，我并不是故意冷落你，而是在遇到问题时，我特别害怕跟你发生冲突。我害怕自己说的话或者做的事会惹你生气，所以我才选择躲起来不说话。我不希望自己这样，但我的这种回避冲突的心理源于我的成长环境，希望你能理解我。"

一旦你的爱人对你产生了同理心，他就能更加理解你。如果你的爱人能够接纳你的情绪，对你不离不弃，你就会更有勇气去做真实的自己。

采用叙事疗法

有的人之所以在遇到问题时选择逃避，是因为这些问题发生在自己的身上。如果应对之策是错误的，处理的方式不够妥当，最终我们要承受糟糕的结果。我们不愿意面对糟糕的结果，更不希望这样糟糕的结果是由我们的选择造成的。

我们可以尝试将人和问题解绑。关于这一点，心理学上有一个很有效的内心疗愈法——叙事疗法。所谓的叙事疗法，就是讲故事，将自己身上发生的事情编成一个故事，这个故事的主人公可以是张三，可以是李四，但唯独不能是自己。我们可以在叙述自己故事的过程中，发现新的角度，产生新的态度，从而产生新的力量。将自己和故事分开，我们就能够更加宽容、更加理性地对待自己，然后打开处理问题的新思路。

叙事疗法能将问题与人分开，让问题是问题，人是人。如果问题和人是一体的，要想改变，就会相当困难。将问题外化之后，问题和人被分开，人就会有能力与能量去解决自己的问题。

给自己足够的自我认同

不可否认的是，我们每个人的人生都有闪光的时候，也都有遇到挫折的时候。我们不能只盯着那些挫折，也不能一味地让自己沉浸在失败的痛苦之中，否则自我认同感会降得越来越低。如果我们受到了原生家庭的不良影响，就很容易缺乏自我认同。我们要尝试着和原生家庭告别，然后开始一段全新的生活。

如果你因为受到原生家庭的影响，在面对问题时总是选择忍气吞声，即使内心愤怒也不愿意发泄的话，那就告诉自己，原生家庭的问题不是你的错，你要勇敢地面对自己，勇敢地发出自己的声音。当然，在一开始的时候，你很难表达自己不满的情绪。你不妨先对着镜子演练几遍，事先准备好台词，直至熟能生巧。如果你不再忍气吞声，不再没有自己的底线，愿意表达自己的不满情绪，你就摆脱了原生家庭的影响，提高了自我认同感。

第十一节
如何克服自己的控制欲

你刚和异性交往没多久，就开始翻看他的手机，看他的聊天记录，检查他是否有其他的暧昧对象。你让他当着你的面打开微信，让他将微信通讯录中的异性好友逐个向你介绍一番。不弄清楚这些异性好友的个人信息，你决不罢休。你的爱人在当天晚上有应酬，而你总是放心不下，频繁地查岗。看他没有及时回你的信息，你就开始疯狂地给他打电话。

如果你有以上的行为，就说明你有很强的控制欲。当你将自己的控制欲施加在爱人的身上时，他会感受到压力，心生不满的情绪，甚至会崩溃，跟你发生争执。

面对你的以上行为，你的爱人会有什么样的态度呢？起初他会选择忍让，觉得你可能只是因为没有安全感。一段时间之后，他会不会开始抵触你呢？你们俩会不会因此爆发争吵呢？

在一段亲密关系中，你想控制自己的爱人，这是一件非常可怕的事。在刚开始谈恋爱时，你或许没有那么强的控制欲，因为你将自己的心思放在如何经营好爱情上，放在如何让爱人更加爱自己上。可是为什么后来你有了控制欲，还越来越强烈呢？

心理学研究证实，控制欲强的人，骨子里充满了自卑与软弱，缺乏安全感。即使身处一段美好的亲密关系中，控制欲强的人也无法确定对方是否真的喜欢自己。这类人需要从对方的服从中获得一种心理安全感。

　　或许在别人看来，你各方面的条件都不错，是一个很优秀的人。但是你认为自己做得不够好，感觉自己不值得被他人爱。当你将这种自我怀疑投射到自己爱人身上的时候，你就开始了对他的各种猜疑。这时候你对自己的爱人充满了不信任的感觉，你不相信他心中的你是一个美好的人。你为了确定自己爱人的心意，尝试着去控制他，用错误的方式来跟他相处，通过他对你的态度来确认你自己是不是值得被爱。

　　有时你甚至怀疑自己的爱人假借聚餐的名义，去和其他异性单独吃饭。你越是这样想，就越感到不安。你满脑袋想的都是如何控制自己的爱人。起初你的爱人会选择妥协、忍耐。但是，时间一长，你的控制欲不仅没有减退，还变本加厉了，你的爱人开始嫌你管得太宽，最后奋起反抗。

　　当你的爱人不再让你控制时，你的控制欲就得不到满足，你会陷入更深层次的自我怀疑中："他不再听我的话了，他不爱我了吗？"这时，你们俩之间就存在着一道巨大的鸿沟。

　　为什么你的控制欲越来越强了呢？你去翻看爱人的手机，查岗，或者做其他的事，你的内心并没有因此得到真正的满足，你反而陷入了更深层次的自我怀疑中："以前的他凡事让着我，可现在的他开始反抗了，他是不是想跟我分手了？"即使你努力控制自己的爱人，也没有办法消除自己内心的焦虑和不安。在亲密关系中，你想要自己的爱人做出承诺，并且希望他能遵守承诺。当然，你更希望自己的爱人能够听你的话。

　　一些控制欲强的人跟原生家庭有关。有的人控制自己的爱人，是为了弥补小时候缺失的爱。每个人都渴望被关心，被爱，被尊重。如果爸爸妈妈在身边陪伴着我们，给我们爱，我们就会相信自己有探索世界的能力。如果我们在原生家庭中长期得到父母无条件的爱，我们就会相信自己是一个值得被爱的人。如果我们在小时候，基本需求可以得到满足，内心的安全感是充足的，这样就会形成安全型的依恋。

　　如果你的心理需求没有得到满足，那么你的欲望是被压抑的，这种压

抑的状态会让你感到焦虑，觉得自己很差，觉得自己很失败，觉得自己没有人爱。你不敢相信别人，也没有办法相信自己。为了能够放心地去依赖对方，你就想控制对方，贪婪地索取对方的爱，想要吸引对方所有的注意力。那么，你该如何克服自己的控制欲呢？

摆脱原生家庭的影响

如果原生家庭对你的影响很深，你就可以这样暗示自己："我已经长大了，我能将自己照顾得很好。最关键的是，我有独立生活的底气，我一个人也可以活得很精彩。"你要从原生家庭中抽离出来，毕竟爱人是爱人，父母是父母，不要混淆，多给爱人一点信任，爱人不会跟你的父母一样伤害你，你和爱人之间是平等的关系。你只需要考虑当下即可。如果你能彻底地摆脱原生家庭的影响，就能极大地缓解自己的焦虑。

提高自我认同感

你能通过控制自己的爱人来提升自己的价值吗？好像并不能。强扭的瓜不甜。真正让爱人认同你，愿意和你长相厮守的办法是什么呢？发挥自己的主观能动性，提高自我认同感。

回想一下：在你的人生中，有哪些高光的时刻呢？你可以主动地去问爱人对你的真实感受。有时你认为自己很差、很糟糕、很失败，但是在你的爱人眼中，你很优秀、很可爱、很聪明。你也可以想一想：你做过哪些让你的爱人超级感动的事呢？如果你提高了自我认同感，就很容易获得幸福。如果你降低了自己的期待值，就能提高自己对现实的满意程度，降低自己的控制欲。

掌握解决冲突的技巧和方法

有的人在与他人沟通时，沟通的语气和方式都是不正确的，经常会与他人产生矛盾。所以你要学会控制和调整自己的情绪，懂得如何表达自己的真实感受，心平气和地和自己的爱人沟通，让他更愿意理解并满足你的需求。即使你和自己的爱人之间出现了矛盾，你也不要埋怨自己的爱人，攻击自己的爱人，命令自己的爱人，否则只会激起自己爱人的反抗情绪。所以在和自己爱人相处的过程中，你要掌握解决冲突的技巧和方法。

第十二节
如何避免相爱相杀的情感模式

什么是相爱相杀的情感模式呢？处于这种情感模式的两个人，虽然彼此深爱着，但是会陷入互相攻击的状态。两个人互相指责，甚至会有一些伤害彼此的行为。这些行为可能会让双方产生矛盾，也可能会让双方更加依赖彼此。即使两个人互相攻击，也仍然深爱着彼此。这种极端的情感模式可能会导致男女双方身心俱疲。因此我们应该尽量避免这种情感模式。

一个女生对我说："在恋爱的时候，不管他说什么，做什么，我总是想怼他，想拆他的台，还会用各种手段打压他，就喜欢看他难堪的样子。"确实，在现实生活中，有的女生就很喜欢当众戳男朋友的痛处。

我认识的一个女生，总喜欢调侃自己的男朋友，喜欢当着其他人的面贬低他，就喜欢看他下不来台的样子。比如在聚会的时候，她的男朋友跟其他人吹嘘自己是一个汽车达人，不论什么品牌的汽车故障、维护保养等，他都了如指掌，如果谁的汽车有问题，尽管问他。她听到后立马拆台，说："算了吧，你对汽车了解得再多有什么用，你还是买不起保时捷（汽车品牌），只能开大众（汽车品牌）。"听到她这样说，她的男朋友非常无语，很长时间都没有跟她说话，两个人为此冷战了好久才和好。她这样对我说："我总是对自己的男朋友说一些让他下不来台的话。我知道自己这样做是不对的，但我每次都忍不住怼他。"

有不少女生有这样的心理：明明知道自己这样做是不对的，但就是控制不住自己，一看到男朋友在自己的面前吹牛或者在其他人的面前吹嘘，就忍不住想给他一棒子，杀杀他的威风，让他彻底感受一下什么是挫败感。可是，女生这样的行为已经远远地超出了男友的接受范围，让男友的颜面尽失，两个人的关系也会因此恶化，直至感情彻底破裂。

为什么在亲密关系中，两个人会有相爱相杀的情感模式呢？为什么你明明很爱自己的伴侣，却总想着贬低他呢？这到底是怎么回事呢？

我们希望和自己的伴侣平等相处。当我们的伴侣自吹自擂，美化自己的时候，我们的内心会变得慌乱，甚至变得焦虑。我们认为伴侣的吹嘘会打破这种平衡，改变双方在爱情关系中的地位。我们担心这种平衡一旦被打破，就会被伴侣牢牢地控制。有的情侣就像是上辈子的仇人一样，除了互相揭短以外，还会出现各式各样的应激反应。当你的伴侣说自己做饭好吃的时候，出于敌意，你可能会说出这样的话："连狗都不爱吃你做的饭。"其实，伴侣做的饭还是挺好吃的，但你就是不愿意夸他，你害怕他嘚瑟，害怕他压你一头，害怕他指责你"不会做饭"或"做的饭难吃"。所以你总忍不住攻击自己的伴侣，让他难堪，避免他超越你。

有时候，亲密关系更像是一种竞争关系，两个人相互较劲，彼此博弈。心理学研究证实，人们对于伴侣的攻击心态，来自内心深处的嫉妒心理。正是因为你嫉妒自己的伴侣，觉得他在某一方面超过了你，你才会用各种方式来证明他并没有那么优秀。你的愤怒和嫉妒，都是因为你自己在某一方面是不足的。归根结底，这都是因为你不够自信，时常被自卑的情绪控制，觉得自己的能力不足。

比如你的伴侣比你的学历高，他又通过深造，考上了 MBA（工商管理硕士）。正当他兴高采烈地跟你分享喜悦的时候，你却一盆凉水泼下来："你不就是考上 MBA 了，有什么好吹嘘的？只要愿意花钱，谁都能考上！"实际上，你一直因为学历这件事感到自卑。当你的伴侣考上了 MBA 并向你报喜时，你内心深处的自卑情绪瞬间就被放大了，忍不住怼他，给他泼

凉水。我们该如何避免这种相爱相杀的情感模式呢？

不要对自己的伴侣怀有敌意

有的人容易胡思乱想，也很容易放大自己伴侣的一言一行，不管自己的伴侣说什么、做什么，他都觉得自己的伴侣在针对他，总想着怼回去，丝毫不会示弱。如果你不如自己伴侣的学历高，你不是想着提升自己的学历，而是嫉妒自己的伴侣，这就是明显的抵触心理。无论你的伴侣说什么，你都觉得他在针对你，不会因为他所取得的成绩而感到欣喜，而是担心他会打压你，生怕他说出贬低你之类的话。伴侣对你的打压只是你幻想出来的。被嫉妒迷了心智的你，防备心理特别强，就像一只刺猬一样，将浑身的刺都竖起来，把自己的伴侣当作敌人。

其实，你的伴侣根本没有针对你的意思，你又何苦生气呢？为什么你要让自己的伴侣下不来台呢？你这样做除了会让自己的伴侣感到难堪以外，还有其他积极的意义吗？你需要收起自己的刺，减少过激的反应，这样你对自己伴侣的敌意就会少很多。

正视自己的内心

羡慕，一旦过火，是很容易变成嫉妒的。所以你要努力将羡慕变成一种自我改善的动力，促进自我成长。当你的伴侣获得成功时，你可以表现出自己的羡慕之情，但不要太过火，更不要觉得你的伴侣就是在针对你，在揭你的短。如果你存在短板，为什么你不想着去提升自己呢？如果你和自己的伴侣站在同一条水平线上，甚至比自己的伴侣站得更高，你又怎么可能会生出嫉妒心理，对自己的伴侣产生敌意呢？

改变自己消极的观念

如果你长时间地对自己的伴侣充满敌意，就很容易将这种敌意的情绪投射在自己伴侣的身上。当伴侣吹嘘自己有多牛，而你又想打压他的时候，不妨先想一想：你的不良情绪来自哪里呢？是他看不起你，还是你看不起自己呢？你是不是受不了他显摆的样子，就想朝他发泄自己的情绪呢？如果你觉察到这一切都是因为自己的自卑情绪，就要尝试着从观念上去改变这种消极的状态。观念上的改变会影响你的思维模式。只有你自己有实力了，你的自信心才会暴涨。

第六篇

原生家庭和自我成长篇

第一节
原生家庭分析

　　父母会在孩子的心中种下多粒种子，它们会随着孩子一起成长。有的父母在孩子心中种下的是爱、勇气、独立和尊重的种子，有的父母在孩子心中种下的是恐惧、自卑、责备和愧疚的种子。我们是什么样的人，与父母有很大的关系。父母是孩子的第一任老师，理应是孩子最信任、最亲近的人。如果父母对孩子的评价一直是负面的，那么这个孩子很可能会成为一个低自尊的人。

　　父亲是太阳，母亲是月亮。一个人跟父亲的关系代表他与世界的互动关系。父亲身上体现的是阳刚、力量、创造力。跟父亲关系不好的人，外表看起来比较文弱，内心很脆弱，充斥着孤独与恐惧，不太会跟外界互动，人际关系不和谐。

　　（1）如果女孩从小被爸爸溺爱，长大后通常会无理取闹。这样的女孩可以自己不讲理，但是男朋友或老公不能不讲理。这类女孩往往会按照爸爸的标准去选择自己的恋爱对象或结婚对象。

　　（2）如果女孩从小对抗爸爸，长大后通常脾气大。这样的女孩容易朝着自己的男朋友或老公发泄愤怒，非常有攻击性。

　　（3）如果男孩从小对抗爸爸，长大后通常容易和同事或领导对抗。这样的男孩喜欢独处，不喜欢社交活动，难以成为一个有魄力的男人。

（4）如果男孩从小害怕爸爸，长大后容易害怕老师、领导等，会刻意跟他人保持距离，人际交往能力差。

（5）如果爸爸在家里没有地位，妈妈太强势，这种家庭里的孩子通常容易叛逆。男孩为了生存会屈服于妈妈，容易对女人充满愤怒，也容易被强势的女人吸引。女孩感受不到父亲的力量，容易喜欢成熟、年长的男性，以此填补缺失的父爱。

心理学上有一个名词——皮格马利翁效应，它告诉人们，你期望什么，就会得到什么。如果父母认为自己的孩子有能力，信任孩子，那么孩子就会认为自己是有能力的，是值得信任的，就能因此建立应有的自尊心，为了变得更好而努力。如果父母认为自己孩子的能力低下，无可救药，那么孩子就会认为自己不如别人，自己很难将事情做好，不能因此建立应有的自尊心，常会感到绝望，丧失积极向上的动力。

赞美、信任和期待，能够改变人们的行为。如果一个孩子不被父母期待，并且经常得到父母的负面反馈，那么这个孩子就好像为了验证父母的话是对的一样，越来越符合父母的评价。面对内向的孩子，有的家长通常会无奈地说："我也不知道这个孩子像谁，这么不爱说话。"从父母的反馈来看，孩子被贴上了内向的标签，并且认为内向的性格是不好的，产生了自己不配得到爱的想法。大部分的孩子认为，父母就是权威，父母说的话就一定是对的。有的父母没有告诉孩子应该成为什么样的人，应该怎么做。这类孩子长大后，会有这样的执念："我是一个性格内向的人，很难和别人沟通，不会有人喜欢我。"疗愈受伤的自己成为解决原生家庭问题的方法之一。

父母之间的互动模式也会影响孩子与异性之间的相处模式。比如丈夫的父母经常用肢体语言表达亲密的情感，而妻子的父母则含蓄地表达爱意。在不同的原生家庭长大的夫妻俩，会有完全不同的表达爱意的方式。丈夫会用一些外向的方式来表达自己对妻子的爱，可是妻子认为爱一个人，不需要说出来。夫妻俩不同的表达爱意的方式，容易让两个人产生矛盾。

如果一个人在成长的过程中经常被批评、被指责、被伤害，他就容易认为自己不配得到爱、不被他人接纳；容易否定自我价值，觉得自己一无是处；容易没有安全感，不知道该怎么接纳别人的爱，最终导致亲密关系出现问题。这类人不容易信任他人，习惯性地产生一种防备心理，会像刺猬一样将自己包起来，会将自己受到的伤害投射到自己伴侣的身上，伤害自己的伴侣。

如果你想要消除原生家庭的不良影响，就需要觉察和分析自己原生家庭里的种种弊端，找出需要调整的地方，不断地完善自我。

第二节
让恋爱保持甜蜜的秘诀

有共同的目标

共同的目标能够巩固两个人的感情。这个共同的目标不需要很大，但需要两个人一起完成。有目标，才有前进的动力。两个人需要一起朝着共同的目标前进。

可以有以下共同的目标：

（1）一起去旅行；

（2）两个人的健身计划；

（3）共同的存款计划；

（4）一起打扫卫生；

（5）吵架不隔夜；

（6）一起做饭。

尊重仪式感

什么是仪式感？仪式感是指在特定的场合或活动中，我们根据传统、惯例或个人习惯所采用的一系列形式化的行为和表达，以便表达自己对这种场合或活动的尊重、认同。在生活中，仪式感可以给我们提供特别的记忆和体验，增强幸福感。情侣之间的仪式感不是花很多的钱去高档餐厅吃一顿饭，而是两个人相互为对方准备惊喜。不能因为太关注外在的东西而忽略仪式感真正的意义。

情侣之间常见的仪式感有：

（1）为对方准备生日惊喜；

（2）记住恋爱纪念日；

（3）睡觉前互道晚安；

（4）记录和保存两个人的生活点滴；

（5）一起穿着情侣装；

（6）周末一起去喜欢的餐厅吃饭或者看一场电影。

让自己保持新鲜感

有的人在恋爱初期，恨不得将自己的全部展现给对方，而在热恋期之后，一成不变的自己让对方失去了兴趣。为了给两个人的感情增添新的"氧气"，我们要努力地提升自己，并不断地尝试新的事物。

为了让自己保持新鲜感，你可以做以下的事情：

（1）尝试不同风格的服饰；

（2）培养自己的兴趣爱好；

（3）多了解对方的爱好并参与其中；

（4）有自己的私人空间；

（5）努力提升自己；

（6）一起去旅游。

谁都不喜欢一成不变的生活，爱情的新鲜感要靠两个人一起维持。在恋爱的过程中，我们要努力地提升自己，和自己的恋人共同进步。

吵架闹矛盾

情侣之间吵架是常有的事。舌头和牙齿还有打架的时候呢，更何况两个情感丰富的人呢！情侣之间吵架之后，该如何处理呢？以下是一些可能有用的建议：

（1）平复自己的情绪，用友好的语气跟对方沟通；

（2）杜绝冷战；

（3）凡事不较真，不钻牛角尖；

（4）学会给对方台阶下；

（5）没有绝对的对错，情侣之间不是讲理的，而是讲爱的；

（6）不过度消极，也不轻易放弃这段感情；

（7）谁都有犯错的时候，要学会原谅对方。

感情倦怠期

两个人在恋爱初期，总是有聊不完的话题，但是随着时间的流逝，彼此之间越来越熟悉，新鲜感消失以后，感情就会进入倦怠期，看对方哪里都不顺眼，总是想找机会争吵，仿佛对方是自己最大的敌人。大部分的恋情会有感情倦怠期。一些处于感情倦怠期的情侣，因为一时冲动选择了分手。感情倦怠期对情侣双方是一次不小的考验。我们该如何顺利地走出感情倦怠期，延长爱情的保质期呢？

（1）多翻看以前的照片和聊天记录；

（2）时常反思自己；

（3）不要将自己的不良情绪转嫁给对方；

（4）关心对方的生活和工作，积极地与对方沟通；

（5）对两个人的爱情抱有坚定的信心；

（6）给两个人的爱情一些时间，多给对方一些耐心。

日常相处的诀窍

（1）切忌翻旧帐，事情过去了就过去了；

（2）及时地提出问题，适时地表达自己的不满，不要胡思乱想；

（3）不要纠结前任的事情，没有意义；

（4）对待自己的感情要专一；

（5）给对方一定的空间，不要过多地约束对方；

（6）互相付出，不要将对方对你的好当作理所当然；

（7）不要动不动就说分手，不要在气头上乱说话；

（8）要敢于认错，也要珍惜那个主动让步的人；

（9）珍惜对方的心意，时常地赞美对方。

第七篇

案例篇

案例一：
从濒临离婚到甜蜜复合

来访者 T 女士，30 多岁，充满了焦虑，问我："老师，我老公打赏网络女主播被我发现了，我们为此争吵了很多次，最近他跟我提出了离婚。但我不想离婚，我该怎么办呢？"

看得出来，T 女士此时的情绪是混乱的。通过我的耐心开导，T 女士开始讲述自己的故事。

我：请你讲一下你的故事吧。

T 女士：我和我老公育有一子。我觉得我和我老公之间的感情并不深。当初我俩是通过相亲认识的。认识一段时间之后，我就怀孕了，然后我和我老公奉子成婚。我老公的家庭条件挺好的，不过我当时并不在乎这一点。我有自己的事业，靠着自己的辛苦打拼，目前是一家公司的中层管理人员。平日里，我工作比较忙，经常出差，很少顾及家庭。我觉得自己亏欠我老公，因为大部分时间都是他在家照顾孩子。

我：那么你们俩因为什么吵架呢？

T 女士：这么多年，我一直用自己的方式弥补孩子和老公。前一段时间，我拿老公的手机查水电费的时候，看到了某直播平台的充值记录。第六感告诉我，这条充值记录不简单。于是我顺藤摸瓜，最后发现我老公居然在网络平台上打赏网络女主播，而且不止一次！我是真没想到他会迷恋这种虚拟的东西！我一气之下就跟老公大吵了一架！我不能接受我老公竟

然做出了这样的事。他丝毫没有意识到自己的错误，还反问我："你天天不照顾孩子，不管家里，一切都是我在帮你打理，我从来没跟你提过什么要求。我就剩这么一点爱好了，难道你都不能接受吗？"吵完架的第二天，我出差一周，选择冷处理。我以为等我出差回来以后，这件事就此过去了。可我出差结束，回到家中后，却得不到老公的任何正面反馈，于是我又跟老公吵了一架。直到老公说出"离婚吧，孩子归我"，我终于慌了。我只想让老公低头认错，并不想走到离婚的地步。

我：你觉得自己有做错的地方吗？

T女士：我开始反思自己，这些年我的确忽略了老公的感受，很少做家务，几乎不管家和孩子，老公因此承担了更多的家庭责任。

我：为了挽回你的老公，你做了哪些事情呢？

T女士：我开始做家务，每天早起为老公和孩子做早餐。本以为老公对我的态度会因此转变，没想到老公对我说："你早干吗去了？你现在才想起来做早餐，没用了！"自此，我们俩的关系陷入僵局。

我：你知道你老公提出离婚的原因了吗？一定不是因为他被你发现打赏网络女主播，恼羞成怒吧。

T女士：他不是因为被我发现打赏网络女主播而提出的离婚。

我：你们俩在结婚前的感情不深，并不是你们俩情感浓度值低的主要原因。先婚后爱的夫妻大有人在。你想过你们俩感情基础不牢固的原因吗？

T女士：应该是我的问题吧。

我：对，你有很多的问题。婚姻是两个人的事。如果一个人总是过多地付出，而另一个人对婚姻和家庭都很少关注的话，感情是很容易失衡的。

实际上，大部分夫妻离婚的原因并非表面上的感情不和，感情不和是现象，并非原因。离婚的真正原因大多是夫妻俩之间的付出不对等。如果两个人的付出不对等，就容易导致感情失衡。付出多的一方会因为自己的低回报率而开始心态失衡。而T女士为家庭付出得少，最终导致婚姻关系破裂。听完 T 女士的故事，我开始帮她制订挽回婚姻的流程：

第一步：缓解自己的不良情绪

我开始引导 T 女士思考她的老公为什么会迷恋网络上的女性。实际上，作为男人，T 女士的老公不仅有生理上的需求，还有精神上的需求。面对一个女强人式的妻子，T 女士的老公很容易被女主播的"感谢大哥"诱惑。意识到这一点后，T 女士就很容易缓解自己的不良情绪了。

第二步：化解矛盾

化解矛盾的关键当然是 T 女士做出改变。只有 T 女士做出改变，才能让她的老公转变态度。她的老公提出离婚，看似是一瞬间的事，实则是压抑许久的想法。如何让 T 女士的老公改变自己的想法呢？当然是 T 女士改变现在的状态。只有 T 女士改变自己，才能让当前的境况有所改观。所以在我的建议下，T 女士将自己的重心转移到家庭上，承担一些家务，在自己的老公面前展现自己小女人的一面。

第三步：找到更稳妥的挽回方式

在挽回婚姻的过程中，一些人只是在想"孩子很可怜，我不能让孩子生活在单亲家庭中"，忽视了孩子的作用。孩子是父母情感的纽带。婚姻，在一定程度上消磨了爱情。随着时间的推移，孩子的诞生，爱情逐渐向着亲情发展。孩子是爱情的结晶，更像是催化剂，把爱情催化成了亲情。在挽救婚姻的过程中，T 女士当然不能忽视孩子的作用。

如何让孩子成为婚姻的黏合剂呢？要让已经有离婚打算的老公意识到

这一点：离婚的想法是冲动的，没有考虑孩子，没有考虑家庭。所以我建议 T 女士从孩子入手，先攻克孩子这一关，让孩子意识到自己母亲的重要性。

第四步：修复感情

因为两个人还没有离婚，还住在同一个屋檐下，所以 T 女士要做的是：继续蜕变，让老公看到她的确做出了改变；坚持去展示自己的变化，让老公意识到原来的问题已经被解决，两个人开始用新的模式相处。

T 女士还需要一个让两个人的关系重归于好的契机。在我的建议下，T 女士给自己的老公准备了生日惊喜——一份礼物和一桌美味佳肴。当然，孩子也给爸爸准备了一份手工礼物，还说出"希望全家人一直在一起，一直这样幸福"的话。果然，不出我所料，T 女士的老公被 T 女士所做的一切深深地感动了。就在这个晚上，T 女士夫妻俩重归于好。

第五步：情感升级

虽然 T 女士夫妻俩的关系已经被修复，但我的宗旨始终是"让感情更进一步"。于是，我给 T 女士提出了进一步的建议——改变爱的表达方式。T 女士夫妻俩的婚前感情基础不深，但相处这么久，他们俩之间是有感情的，只是他们俩的分工太明确了，到了最后，仿佛都是各做各的，互不干涉，不像是夫妻，更像是合作伙伴。如果 T 女士想让夫妻俩的感情甜蜜，就需要改变爱的表达方式。T 女士应该积极参与家庭生活，不要让老公觉得他自己是在"孤军奋战"。

案例二：
前任主动求和

中午小憩过后，打开手机，我惊喜地收到了来访者 X 女士发来的消息："崔老师，太感谢你了，在你的指导下，他主动跟我复合了！"看到 X 女士发来的消息，我除了替 X 女士感到高兴以外，也顺势回忆了 X 女士的咨询经历。X 女士第一次来找我咨询时，内心是慌乱的。在我的安抚下，X 女士向我讲述了她自己的故事。

X 女士和男友相恋两年，按照她的话来说，他们俩除了偶尔争执以外，他们俩之间的感情还是不错的。这次她和男友因为一次网上购物大吵了一架，冷战一段时间之后，男友果断地提出了分手。也许是被悲伤冲昏了头脑，也许是"只缘身在此山中"的缘故，X 女士并未意识到她和男友分手的根本原因。于是我开始引导 X 女士思考。

我：你想过你们俩分手的真正原因了吗？

X 女士：难道不是因为我们俩发生了争吵，又冷战了一段时间吗？我当时的行为的确是过分了。

我：这只是你们俩分手的直接原因，并不是根本原因。通过你的讲述，我觉得你们俩在消费观念上存在着分歧。

X 女士：嗯，的确是这样的。我比较喜欢新潮的东西，舍得花钱购买。男友就比较节俭。我们俩经常因为消费观念不同而产生争执。

我：他崇尚节俭的消费习惯，即使是自己喜欢的衣服，他也要等着打

折以后再买。他希望你把这件打折的衣服当作生日礼物送给他，他的目的是给你省钱，他的出发点是好的。但是你们俩的消费观念不同。你喜欢当下流行的衣服，不喜欢过时的，愿意全价购买某件衣服。同时，你很在乎送生日礼物的仪式感。

X女士：对。

我：你们俩在消费观念上产生了矛盾。

X女士：哦，原来如此！

这一次的争吵触及了男友的底线，他觉得自己真心为X女士考虑，X女士不但不理解他，还数落他的消费习惯，他一气之下选择冷战、分手。有的人很难在第一时间内接受分手的事实。

我：现在的你是什么心情呢？

X女士：难过，不舍，不甘心，反正充满了负面的情绪。

我：从某种程度上来说，分手并不一定是一件坏事。

X女士：啊！是吗？

我：从某种程度上来说，分手并不一定是一件坏事，因为不管是什么原因导致的分手，都存在着这样的事实——你们俩之间存在着问题。你依然欠缺爱他人的能力。"分手"这件事就是在向你敲响警钟。如果你想要重新拥有爱情，就必须改变自我，提高爱他人的能力。

X女士：我一次又一次地触碰他的底线，说了很多伤害他自尊的话。他提出了分手，这是不是代表我对他的吸引力已经消失殆尽了呢？

我：你对他的吸引力的确下降了。毫无疑问，吸引力下降也是分手的原因之一。但这并不代表你对他没有一丁点的吸引力了。其实，你对他的吸引力还在，只是下降了。如果你想挽回他，就需要解决你们俩之间的矛盾，提升吸引力。

我针对X女士的实际情况，给她制订了专属的挽回对策：冷处理→寻找真因→提升吸引力（培养愉悦感→建立舒适感→增强满足感→重塑安全感）→破冰→关系恢复。需要冷处理的原因很简单，就是现在两个人都存在着负面情绪，并不是挽回的好时机。如果 X 女士过早地暴露自己的需求，只会让两个人的关系变得更加疏远。所以 X 女士要先冷处理，缓解不良情绪，再去寻找分手的真正原因。

那么，该如何提升吸引力呢？我给 X 女士的建议是，培养愉悦感→建立舒适感→提高满足感→重塑安全感。想要培养愉悦感，就要先消除前任的抵触情绪。想要挽回前任，就要顺着前任的心思。先认可分手这件事，承认分手的事实，然后表达自己的歉意和反思。男女双方可以通过聊天，分享日常的生活，提高愉悦感、舒适感、满足感，减少抵触情绪。

有的人在挽回前任的过程中，常会有以下的错误方式：

（1）刻意地去强调自己的不舍，追忆美好的往事，希望前任因此回心转意；

（2）将自己的姿态放得特别低，生怕自己的一言一行会引起前任的反感，让两个人的关系再次降到冰点。

第一种方式可能会让前任产生更强的抵触情绪，回忆起不愉快的往事。第二种方式无法重新吸引前任。我对 X 女士说："你和前任正常地交流即可。以前的你能吸引他，现在的你照样可以再次吸引他，但这一切的前提是你要用对方式。"

在我的建议下，X 女士尝试缓解自己的不良情绪，不暴露自己的需求，与前任正常地交流。每隔两天，我都会收到 X 女士发来的好消息：

"他秒回我了！"

"他今天主动找我聊天了！"

…………

十天以后，X 女士提出了自己的需求："我感觉时机成熟了。我该如何做才能让我和他的关系更进一步呢？"

我给出的建议是，在合适的时机提出复合，甚至可以让对方主动提出

复合。如何做到这一点呢？比较讨巧的一种方式是诉说两个人之间的遗憾，产生情感的共鸣。

在我的提议下，X女士在一个合适的时机给前任发了这样一条消息："我今天路过了你说的那家火锅店。你曾计划在那里庆祝生日。明天就是你的生日了，我好像没有机会陪你庆祝了。我今天在那家火锅店门口站了许久。对了，你说的那件衣服，我在店家打折的时候买下了。你说的没错，这件衣服很适合你，一点都没过时。可惜我没有机会将这件衣服送给你了。"发出这条信息的同时，X女士也将衣服的实物照片发了过去。果然，X女士的前任邀请X女士去那家火锅店庆祝生日。在这之后，我收到了X女士和前任成功复合的好消息。

案例三：
挽回提出分居的老公

在找我咨询前，K 女士已经和丈夫分居一周时间了，她软硬兼施，尝试了很多的方法，但丈夫依旧不为所动。我先让 K 女士稳定自己的情绪，然后让她讲述一下自己的情感故事。

K 女士和丈夫从大学相恋，毕业一年后步入婚姻的殿堂。在这期间，两个人的感情一直很稳定。结婚三年后，K 女士生下一个孩子。在她还坐月子的时候，丈夫由于工作调动，到隔壁城市工作，两个人因此分居两地。一年以后，K 女士觉得长期分居两地很容易影响夫妻感情，于是让自己的父母代替她照顾一周岁的孩子，她则在丈夫所在的城市找到一份工作，她和丈夫又重新住在了一起。

重新一起生活后，K 女士和丈夫的生活并没有预想的那样甜蜜，两个人频繁因为琐事争吵。直到有一天，丈夫和 K 女士大吵一架，丈夫下班以后并没有回家居住。隔天 K 女士发现了丈夫的酒店开房消费记录。对此，丈夫的解释是不想回家，不想看到 K 女士，就住在了酒店里。

在排除丈夫出轨的可能性后，K 女士追问丈夫不回家的原因。丈夫却说："我对你没什么感觉了。跟你在一起生活，我觉得很窒息，我想自己一个人住。"两个人又因此大吵一架，开始分居、冷战，两个人的婚姻关系岌岌可危……

在听完 K 女士的讲述后，我开始引导 K 女士思考："你觉得你们俩

因为什么走到了今天这一步呢？"

K女士沉思片刻，这样回复我："可能是因为我们俩太长时间没有在一起生活了。但如果只是这个原因的话，我们俩不应该走到这一步呀！"

K女士的思路是对的，但并没有触及到真正的点上。在我的引导下，K女士继续讲述自己的故事。最终，我和K女士一起找了三个原因：

（1）生育后，K女士的自身吸引力下降；

（2）从相恋到现在已经有九年的时间，丈夫对K女士的新鲜感下降；

（3）两个人长时间不在一起，一个图事业，另一个图照顾孩子，步调不一致，缺乏沟通，在某些观念上产生了很大的分歧。

找到原因之后，K女士恍然大悟："哦，原来如此！我找闺密们帮我出主意，她们都说我做得还不够。在她们的建议下，我将家里仔细地打扫了一番，还做了一桌子好菜，并发信息邀请老公回家吃饭，但老公对我依旧不理不睬。我没有找到分居的根本原因，是很难修复我和老公之间的感情的。我找错了原因，方向不对，努力全废。"

既然找到了分居的原因，接下来就是结合K女士的实际情况，为她制订属于她的婚姻修复流程：疏导负面情绪→找到维系关系的纽带→线下邀约见面→重归于好（彻底修复关系）。

疏导负面情绪

我建议K女士停下任何试图表现自己，影响丈夫情绪的举动。也就是说，K女士需要对自己的丈夫采取冷处理。因为一些不适宜的行为只会让K女士的丈夫产生更强的抵触情绪，甚至产生厌恶情绪。这是谁都不愿意看到的结果。当然，K女士也要缓解自己的负面情绪。

我：你认为你们俩在沟通方面存在哪些问题呢？

K女士：我和我老公重新住在一起后，我的话题总是围绕着孩子，一直在说孩子多可爱，以后要如何教育孩子，等等。但我老公好像对这个话题不感兴趣，他一直想跟我说工作方面的事。

我：很棒，你的自我剖析很到位！虽然你们俩只是分居了一年的时间，但是你们俩的关注点已经不一样了。你们俩之间缺乏共同话题，越来越没有共同语言，缺乏深度沟通，让感情出现了裂痕。

K 女士：那我该怎么办呢？

我：你耐心地等待几天，等你们俩的情绪彻底缓和了，你给你老公发一条消息，主要是说你这段时间忽视了他，你感到很抱歉。

K 女士再次找到我的时候，兴奋地对我说："老师，你的建议果然很有用。现在我老公对我的态度没有之前那么差了，他开始理我了。"原来，K 女士在自己的丈夫情绪缓和以后，发了一条消息，先说自己这段时间给他带来了困扰，并为此表达歉意，再说自己已经意识到了问题，明明知道他工作很累、很忙，却一直在说孩子的事……

果然，在 K 女士表达歉意以后，K 女士的丈夫对 K 女士的态度友好了许多。在我的指导下，K 女士主动去跟自己的丈夫聊天，他们俩聊得还不错。时机已经成熟了，K 女士可以进入下一个环节了。

找到维系关系的纽带

我继续追问 K 女士："在你们分居的那一年时间内，你的丈夫跟孩子见面的次数多吗？" K 女士说："虽然我老公就住在隔壁城市，但是他工作很忙，经常没有休息日，所以他跟孩子见面的次数屈指可数。"很显然，K 女士的丈夫和孩子相处的时间太少，他们俩之间的感情并不深，因此当 K 女士提到与孩子有关的话题时，K 女士的丈夫不感兴趣。我建议 K 女士利用孩子这根纽带，重新维系两个人的婚姻关系。在条件允许的情况下，K 女士可以将孩子接过来一起生活，让自己的丈夫承担起养育孩子的

责任，一起享受亲子相处的快乐时光。K女士可以将家里装扮一下，摆上孩子的照片，让丈夫感受到孩子的成长变化。孩子是夫妻关系的纽带，是家庭稳固的基础。

对于我的建议，K女士表示赞同，并说："等到这个休息日，我就将孩子接过来。"

线下邀约见面

K女士：老师，听你的话果然没错！前几天我将家里装扮了一下，还将孩子从出生到现在的照片打印了，做成了摆台，然后将接孩子过来的消息告诉给我老公。我一直担心我老公会因此不高兴，结果没想到，他不但没有怪我，还直接回家了。这真的太好了！

我：想要修复夫妻关系，就要善于运用孩子。

K女士：对呀，老师给我的建议真的很管用。孩子刚刚会自己走路。我老公还是第一次见孩子走路，听到孩子奶声奶气地叫自己"爸爸"，他特别激动。

我：天时地利人和，太棒了！

重归于好

隔天一早，我又收到了K女士的好消息："老师，昨天晚上我老公没有回酒店，而是陪我和孩子一起在家睡觉。我老公和我一起照顾孩子。晚上孩子醒了，还是他哄睡的。早上我老公对我说，原来我带孩子这么辛苦，跟我的劳累程度相比，他在工作上所受的累不值一提，是他太自私了，对不起。老师，太感谢你了，我和我老公的关系修复好了！"

案例四：
从险些被拉黑到甜蜜订婚

小文：崔老师，谢谢你！我和他和好了，他还主动领着我回家见父母了。我们打算下个月15号订婚。

我：恭喜恭喜！你终于"守得云开见月明"了。

这天晚上，我收到了来访者小文和前男友复合并计划订婚的好消息。现在回忆起来，我还清晰地记得小文初次找到我时的情景。

小文的男友比她大两岁，他们俩是在一次朋友聚会上认识的。小文的外在条件不错，性格也很开朗。男友初次见到小文时就被吸引了，立刻追求小文。在认识了两个多月后，小文接受了男友的追求，两个人正式确定了恋爱关系。相处了大约一年的时间，小文觉得两个人的年纪都不小了，是时候谈婚论嫁了，跟男友提出这个想法后，男友就决定带小文回家见父母，商量婚事。

但不巧的是，男友的家里出了一点状况——男友的父亲腰部扭伤，正在住院治疗。见家长的事情也就因此被搁置了。小文对此表示理解，毕竟这是由客观原因导致的。后来，男友的父亲出院了，男友却被公司安排去外地工作3个月。在这3个月的时间里，男友一直忙着推进公司的项目，异常地忙碌，分身乏术，见家长的事就只能被一拖再拖。

3个月的时间，对于从未谈过异地恋的小文来说，是很难接受的。由于两个人的婚事被一拖再拖，男友经常很晚才回复小文的信息，因此小文

有点接受不了，她觉得自己被男友忽视了，开始胡思乱想，想黏着男友，可是男友总是说"忙，再等等"。对于两个人的婚事，男友一直对小文说"再等等吧，我也没有办法"。觉得自己被忽视的小文，开始胡搅蛮缠，直到男友再也忍受不了，提出了分手。

小文意识到问题的严峻性后，开始哭泣，祈求男友，甚至跑到男友的工作驻地，但都被他拒绝了，他甚至对小文说出了"你再胡闹，我就拉黑你"的话。虽然小文意识到了自己的问题，但是挽回方式不当，导致自己险些被拉黑。有的人在感情破裂的时候，情绪崩溃，思维不够清晰，很容易做出错误的决定。错误的决定只会让本就岌岌可危的感情，迅速地坍塌。此时，我给小文的建议是，先停下一切自认为正确的挽回举动。

小文：我还没有挽回他，我该怎么办呢？

我：虽然你们俩的亲密关系正在破裂，但是并没有你想象的那样糟糕。你们俩之间因为距离太远，增加了沟通的成本，感情浓度被稀释。你们俩之间的感情之所以出现问题，不是因为你的男友移情别恋，而是因为你的男友感受到了压力，又无从释放压力。面对压力，你的男友选择了逃避。

小文：崔老师，那我该怎么办呢？

我：不要着急，我给你制订挽回男友的流程。

结合实际情况，我给小文制订了相应的对策和挽回流程：

第一步：先冷处理，降低需求，缓解男友的负面情绪；

第二步：寻找险些被男友拉黑的原因；

第三步：自我改变，减轻男友的压力；

第四步：做好情感铺垫，给男友发消息，给男友一个台阶下，恢复沟通交流；

第五步：邀约，修复亲密关系。

面对小文的步步紧逼，男友实在扛不住小文给的压力了，最终提出了分手。此时无论小文说什么，做什么，都会让男友觉得小文有很强的目的性，害怕小文继续施压。所以此时的小文应该什么都不做，暂时选择冷处理。冷处理的目的当然是缓解两个人的不良情绪。小文应该站在男友的角度去思考问题，凡事不能急于一时，也不要过于苛责男友。

一周后，我主动找到小文，询问她的心态恢复得怎么样了。小文的答案让我惊喜，她说自己已经想明白了，订婚这件事之所以一再被推迟，并不是因为男友不爱自己，也不是因为男友不想结婚，不愿意负责。小文能在这么短的时间内想明白一些事情，说明小文已经缓解了自己的负面情绪。

小文：我该如何跟男友恢复联系呢？我可以直接给他发消息吗？

我：直接给他发消息，也不是不可以，但还有更好的方式。

虽然男友的情绪已经足够稳定，但是这并不代表他就和小文一样，一直沉浸在原来的感情中。小文可以采取"表达歉意＋展示自我成长"的方式，减少自己的需求感，避免尴尬。同时，小文还可以适当地抛出一些有趣的话题，让男友有继续跟小文沟通的兴趣。

针对小文的情况，我教她这样给男友发信息："最近这一段时间，我之所以一直没给你发消息，是因为我一直在反思，我觉得自己太幼稚了，没有站在你的角度去思考问题。我真的很爱你，很希望和你一直走下去，所以我才将你逼得这么紧。你肯定因此承受了很大的压力吧，不然你也不会想着跟我分开。最近我正在读一本书，觉得自己跟这本书里的主人公一样，我的心态因此转变了不少。"

小文：果然，他回复我了，而且态度还不错。这应该是一个好消息吧。

我：当然。

小文：那我能不能约他出来见个面啊？我很想他。

我：不，现在不是见面的好时机，以后有的是机会。挽回的过程，是一个从"抵触"再到"吸引"的过程。他需要调节情绪，减轻压力。你们俩还需要进一步沟通，重新摩擦出爱情的火花，才能完成一个二次吸引的过程。我建议你还是再跟他聊一段时间。在这段时间内，你不要暴露自己

的意图，不要给他施加压力，正常相处，一定会有好结果的。

小文：好的，谢谢老师！

又过了一周多的时间，我找到小文，问她效果如何。仅从小文发给我的文字，我就能明显地感觉到小文的兴奋之情。

小文：老师，现在我和他开始回忆曾经的美好时光了。我听你的话，没有提复合的想法。我可以约他见面了吗？我该用什么方式呢？

我：你们俩之间有没有一些未完成的约定呢？

小文恍然大悟，马上跟男友发了一条消息："我记得当初你跟我约定，要在结婚前，和我一起去爬山。你还对我说，结婚就像爬山，会遇到很多坎，但如果我们能坚持下去，就会爬到山顶，最终看到不一样的风景。回想这一路的荆棘，我们就会意识到，原来路上的一切都是风景。从那个时候起，我就认为，如果我们俩能一起爬山，那一定是一件特别浪漫的事。虽然目前我还不确定我们俩是否能继续走下去，但是我依然想问你是否愿意完成一起爬山的约定呢。"

小文将这条消息发出去以后，小文的男友毫不犹豫地答应和她一起去爬山。最终，小文的男友履行了和小文一起爬山的约定，这意味着小文已经成功地修复了这段感情。

案例五：
28 天挽救爱情

来访者阿琳再次给我发来了消息。

阿琳：老师，听你的话果然没有错，他主动联系我了！

我：恭喜恭喜！

阿琳：老师，我现在可以跟他提复合的想法吗？

我：现在的他对你是什么感觉呢？如果你站在他的角度去想，你觉得他希望和你马上复合吗？

阿琳：我觉得他现在可能还没有想好。也许他只是气消了，没那么抵触我了，但应该还没想过复合的事情，也许他还在观望呢。

我：嗯，没错。

阿琳：如果我在这个时候跟他提出复合的想法，也许会吓跑他。老师，我该怎么做呢？我觉得这最后一步真的很关键！

看到阿琳这样思考，我觉得特别欣慰，不禁想起初次见到阿琳的情形。那个时候的阿琳完全是另外一副截然不同的样子：语气异常失落，整个人有点儿萎靡不振。在聊天的过程中，我知道了阿琳的爱情故事。

阿琳和男友是同一所大学的校友，不过男友比她大一级，算是学长和学妹的结合。自相恋以后，阿琳和男友的感情一直很好，极少有摩擦，然而两个人还是面临着毕业就分开的结局。大学毕业后，男友在临近城市的一家重型机械制造公司做市场营销。而阿琳则继续读大四。本来两个人已经商量好，阿琳大学毕业后就去男友所在的城市工作，这意味着他们俩只需要坚持一年时间的异地恋。两地相隔很近，乘坐高铁，只需要一个半小时的时间即可到达。由于大四的课程不是很多，因此阿琳有去探望男友的时间。本来阿琳没有考研的打算，她的成绩排名也没有达到保研的资格，可是在其他人放弃保研的资格后，保研的资格顺延，阿琳获得了一个保研的机会。阿琳开始犹豫，因为读研对于她来说是一个机会，但对于两个人的爱情来说是一次挑战。如果阿琳选择读研究生，就意味着异地恋的时间还会再延长三年。

阿琳询问男友的意见，但男友在电话那头陷入了沉默，久久才说道："我不能替你做选择。无论你怎样选择，我都支持你的决定，但我没有信心坚持这么多年的异地恋。"男友的回复让阿琳变得异常纠结。阿琳的父母不希望阿琳过早地踏入社会，希望她能读研，继续提升自己，他们会无条件地支持她。最后，阿琳听从父母的建议，选择保研。

选择留在本校读研，就意味着阿琳可以提前选择导师，直接进入研究生状态。阿琳因此变得异常忙碌。在得知阿琳的选择以后，男友开始刻意疏远阿琳。起初，两个人一周或者两周见一次面，后来变成一个月、两个月见一次面。快到放寒假的时候，阿琳忙着毕业设计、开题答辩，压力非常大，给男友打电话，问他能不能请假来看看她。男友先是沉默了一会儿，然后说："年底很忙，我一直在陪来访者应酬，算了吧。"

委屈的阿琳像往常一样，生气地提出了分手，但她并不是真的想分手。可是这一次，男友当真了，他真的想跟阿琳分开了，再也没有回复阿琳的消息。在伤心了几周以后，阿琳终于清醒过来，她开始尝试挽回男友。但两个人反而越吵越激烈，男友甚至扬言要把她拉黑，自此老死不相往来。

阿琳：为什么他曾经那么爱我，现在却要拉黑我？

我：你有没有想过，其实你们俩之间的感情并没有破裂？只是因为距离太远，你们俩之间的沟通出现了问题。读研会增加异地恋的时间，这只是你们俩分手的一个诱因。

阿琳：那为什么我们俩以前吵完架，只要我低头认错，他马上就会理我呢？而这一次，无论我怎么认错，他都对我不理不睬。当我说去找他的时候，他不但不答应，还想把我拉黑。我真的很伤心。

我：因为以前你们俩是假性分手，所以只要其中一人愿意先低头，你们俩就能和好如初。但这次是不同的。在你们俩之间，有一个影响你们俩感情的问题没有得到解决，这次是真性分手。无论你再怎么哭泣，再如何卑微地祈求，甚至去他所在的城市找他，缠着他，都是没有用的，只会让你们俩的关系破裂得更快。

阿琳：那我该怎么做呢？

我：针对你的情况，我制订了一个情感修复流程。

阿琳的情感修复流程：

第一步：缓和矛盾

缓和矛盾，减少争执，不再暴露自己的情感需求，暂时不去纠缠对方。本来两个人的感情并未完全破裂，但阿琳的错误举动导致两个人的关系陷入僵局。现在，阿琳应该做的是缓和矛盾，不再去纠缠对方。

第二步：制订对策

制订对策，暂时冷冻关系。阿琳的男友正处于抵触和质疑阿琳的状态中。如果此时阿琳一味地表达自己的心意，说出想要复合的想法，过度地暴露自己的情感需求，有可能会引起男友的抵触情绪，导致自己被拉黑，就会大大地增加挽回的难度。其实阿琳和男友还没真正走到分手的地步，只是两个人之间的矛盾还没有得到妥善的解决。现在，阿琳和男友需要冷

冻关系，让彼此有一个冷静的空间，思考解决矛盾的方法。

第三步：调整状态

在两个人断联的这段时间里，阿琳需要调整自己的心态，努力地提升自己。

阿琳：老师，这几天我一直在纠结，断联真的合适吗？

我：对你而言，断联是最好的方式。我能理解你的心情，你的担心也是正常的。在现阶段，你需要调整好自己的心态，努力地提升自己。

阿琳：我担心断联的时间长了，他不再理我了，我该怎么办？

我：在现阶段，无论你怎么处理，都会让你们俩的关系更加僵化。断联有助于缓和你们俩的关系。

第四步：分析原因

除了调整心态以外，阿琳需要思考：到底是哪里出了问题？表面上，阿琳选择读研，增加了异地恋的时间，实际上阿琳和男友没有在读研这个问题上达成一致意见，引发了一连串的反应。

第五步：重新吸引

如果两个人都处于情绪稳定的状态，阿琳就可以采取行动，重新吸引男友了。在这个阶段，阿琳需要展示自己的新生活，让许久未参与她生活的男友感到好奇。除了晒美照以外，阿琳还可以展示一下选择读研的心路历程，以及追求科研的自信心。阿琳要让男友感受到，她不是因为听从父母的建议选择保研，让异地恋的时间增加，而是因为个人的兴趣爱好和未来的人生规划。在阿琳未来的人生规划中，男友始终有一席之地。

果然，阿琳的男友主动给阿琳发消息了。在我的指导下，阿琳稳住了自己的情绪，没有在第一时间内说出自己想要复合的想法，而是继续分享自己的生活，分享自己的想法，这一切都是为了消除男友的隔阂。重新吸引，就是让男友看到不一样的阿琳，感受到阿琳的变化，意识到阿琳正在变好，变得更加有吸引力。

在男友主动跟阿琳恢复联系后，阿琳开始分享自己的读研生活，并表示自己很适合走读研这条道路，顺便说一句"当初你的学习成绩也是很好的，我觉得你也适合读研"。有一天，阿琳的男友突然说："我想了想，在步入社会以后，我发现自己不太适合做市场营销的工作，我更喜欢做产品设计，但大部分产品设计的岗位要求硕士以上学历。你觉得我回学校读研怎么样？"

听到男友这样问，阿琳很兴奋，继续追问男友的想法。男友说："我们与其一直分居两地，我不如趁这个机会提升一下自己。我想辞职，在咱们学校附近租一套房子准备考研。"

就这样，阿琳顺利地解决了自己的困境，成功地挽救了自己的爱情。